僕らはまだ、世界を1ミリも知らない

太田英基

幻冬舎文庫

僕らはまだ、
世界を
1ミリも
知らない

but...

まだ1ミリも知らない世界には、
僕らをゾクゾクさせる可能性が溢れている。

はじめに

約2年、世界50ヵ国を旅して出逢ったのは、1000を超える人たちだった。

僕は旅人だった。でも、ジャケットやネクタイをバックパックに詰め込み、世界を巡っていた。時にはイスラエルの起業家イベントに参加したり、アフリカのスラム街の売店を調査したり、誕生日をインドネシア人たちとトランプしながら迎えたり、世界を舞台に働く日本人たちを取材したり。インターネットをフル活用して、世界中の逢いたい人にコンタクトを取りながら旅をしていた。

日によっては人と逢う予定が5件ぐらいあって、朝から晩まで観光そっちのけで様様な出逢いを全力で楽しんできた。『どこへ行くか』よりも『誰と出逢うか』。僕の旅の醍醐味《だいごみ》は人との出逢いだった。それは、僕の旅が特に目的意識を持たない自由気ま

まな旅でもなく、終わりのない自分探しでもなく、

世界を舞台に活躍できる人間になるための旅だったからだ。

世界中の人に愛されるサービスをつくるシリコンバレーの起業家、お金があるはずなのにボロ宿に泊まっていたアメリカ人の大学教授、軍人あがりのイスラエル人の女の子、中南米を旅するブラジル人の銀行員、地球の裏側にある別の日本で暮らす日系人のみなさん、僕に人を信じることの難しさを教えてくれたタンザニア人の青年、死ぬほど親切にしてくれたベンチャーで働くイタリア人、ストリートチルドレン生活から起業したインド人実業家、ドラえもん大好きだというバングラデシュの子どもたち、信じられない理由で日本語を学び始めたベトナム人の女の子……。

いろんな出逢いがあった。世界を変えようと全力で挑戦している人もいれば、自分

の人生を楽しもうとゆったり生きている人もいたし、今日明日の生活をなんとかしなくては、という人もいた。

地球上にいる70億人という人の数の中で、1000人という数字は何の意味も持たない、ちっぽけなものかもしれない。それでも僕には大きな意味があった。1000という出逢いから数えきれないほど多くの気づきや学びを与えてもらった。そんな出逢いを追い求めた旅のスタイルや魅力はもちろん、何より僕は、

僕らがまだ1ミリも知らない世界のオモシロさをこの本を通じて届けたい。

学生時代に仲間とともに生み出したビジネスアイデアで起業し、東京で日本の最先端を走っているつもり……だった僕は、ある日、「僕はまだ、世界を1ミリも知らない」という事実をつきつけられた。（グローバル世代のビジネスマンとして、僕の描

く思考の枠はあまりに小さい）（頭の中に描く地図の差は、人生の可能性の差だ）（もっと、世界を舞台に自由に活躍できる人間になりたい）と強く思った。

そうして飛び出した世界一周の旅は、僕自身の視野を広げ、思考の枠を日本から世界に広げてくれた。頭の中にあった『日本地図』を『世界地図』に色鮮やかに塗り変えてくれた。結果、僕は帰国後、グローバル世代の底上げをミッションに新たな留学事業を立ち上げ、世界を舞台に生きる一歩を踏み出すことができた。

幸運にも、僕は20代という貴重な時間の2年間を世界一周に投じることができた。それは最高の経験だったと心の底から言える。本当は、この本を読むすべての人にも世界一周に飛び出してもらいたいぐらいだが、それが簡単でないことは理解している。だから、この本を通してできる限りを共有したい。僕の旅の経験を通して、世界をグッと身近に感じて、世界を教養として旅してもらえたならば本望だ。

太田英基

僕らはまだ、世界を1ミリも知らない　目次

第二章　北米

第三章 中米

第四章 南米

第六章　ヨーロッパ

第七章　中東

第八章 アジア

第九章　帰国、その後

本文デザイン　小山宏之（美創）

第 0 章

「インドってどんな国？」

「インドはね、汚いし、臭いし、インド人はボッタクるし、みんなお腹壊《なか》すし、野良牛とかそこら中にいる、オモシロくて変わった国だよ。好き嫌いは分かれるね」

6年前の大学1年生の春休み、人生初のバックパッカー。以来、「インドってどんな国？」と訊《き》かれると、僕は決まってこう答えていた。たった2週間のインド旅行は、僕に数多くの衝撃とネタを提供してくれた。

しかし、僕は次第に変な違和感を持つようになった。ニュース番組や、インターネットの記事で流れてくるインドの話題は、『IT大国』やら『経済大国』といった言葉ばかりだったからだ。インドは中国同様にこれから世界をリードしていくことを期待されている国であると。

なんだろう、このギャップは？　僕が目にしてきたインドには、テクノロジーの『テ』の字もなかった。街を見渡せば牛とゴミばかりだった。しかし、メディアでは僕が知らないインドのことばかり話題になっている。僕は自分の旅を見直してみたかった。

考えれば、僕が旅で出逢ったインド人の中には、エンジニアもビジネスマンもいなかった。だいたい物乞いか、観光客目当てのボッタクリの商売人ばかりだった。いや、もしかすると、いたのかもしれない。列車の隣の席にいたインド人や、宿で一緒だったインド人は物乞いでも商売人でもなかったはずだ。ただ、僕の英語力では「Nice to meet you.」が関の山で、深いコミュニケーションなんてできなかった。結局は何も訊くことができないまま、適当に場をやり過ごすことになったのだろう。

その国のことをごく一部しか知らないのに、得意気に語っていた自分が恥ずかしく思えた。以降、インドという国について語ることは控えるようになった。さっと僕はまだ、本当のインドを1ミリも知らない。

インドから帰国して1年も経《た》たない大学2年生の時、仲間と共に生み出したビジネスアイデアで起業した。学生なのに仕事に忙殺されるという日々。またいつか長期旅行に行きたいという願望だけは持ちつつも、結局、一人旅をすることは一度もないままだった。気づけばインドを旅した19歳の頃から、6年の歳月が流れていた。

第一章

フィリピン留学

僕が世界一周に出た理由

――あなたの頭の中にある地図は、世界地図ですか？

25歳になる3ヵ月ほど前、20歳の頃に仲間と立ち上げた会社を卒業した。『卒業』というのは気持ち的にカッコつけたいだけで、わかりやすく言えば『退職』したんだ。そう、会社を辞めた。起業したアイデアの発案時からすると、約5年という時間が流れていた。退職した翌朝も、いつもと同じ時間に起きた。**（あっ、会社行かなくちゃ）**。思った次の瞬間、自分はもう会社に行く必要がないことに気づく。

何とも言えない寂しさと、これから旅立つ自分の未来に心躍る気持ち。その真ん中にいる自分。僕はこれから旅に出る。死ぬまでに必ずしたいことの一つだった世界一周の旅へ。どんな旅にしようか？　どこへ行こうか？

出発前にあんまり日本に長居をして、グダグダしているのもイヤだ。しかし、ただ普通のバックパッカーとして旅に出るのもイヤだ。僕は昔から、他の誰もしたことがないことをしたくて、ウズウズしてしまうタイプの人間だった。世界一周を通して、できることは何だろう？　何か自分にできることはないだろうか？　考え込んでいるうちに、自分自身が旅に出るキッカケとなった出来事を振り返っていた。

　起業して間もなく、僕がまだ大学生だった頃、とある外資系コンサルティング会社で重役を務めていた方と出逢う機会があった。日本ではなく、世界という舞台で仕事をしてきたその方は、僕に多くのことを教えてくれた。

「グローバルにビジネスを展開するとは、どういうことか？　わかる人は？」

　この質問に、みなさんならどう答えるだろうか？

　当時の僕にとっての『グローバル志向』はこうだった。**「何かアイデアを思いついたら、まず日本で始める。東京でやってみて、うまくいったら他の地方に進出。日本での地盤を固めたら、アジアから徐々に海外進出」**。僕は、自信満々で答えた記憶がある。しかし、その方は言った。**「それは違う」**と。

　本当にグローバルなアクションを取る人というのは、いいアイデアが浮かんだら、たとえば**「これって東京じゃウケないけど、サンパウロでやったらうまくいくんじゃないか？」**と思える人。**「アルゼンチンで流行《はや》っているこのビジネスをカナダに持っていってもうまくいくんじゃないか？」「これは仏教徒には合わないけど、イスラム教の国なら受け入れてもらえるんじゃないか？」**と、はじめから世界を舞台に物事を発想できる人だと。

その方は続ける。**「そして、彼らは世界中にビジネスの相談ができる繋《つな》がりを持ち、すぐに現地の知り合いに連絡をして調べてもらうことができる。これが世界を舞台にビジネスをするということなんだよ。とりあえず東京から……なんてことを彼らは絶対に考えない。何より先に、閃《ひらめ》いたアイデアをこの地球上の誰が必要としているのかを考えるんだ。こういう思考ができる日本人がまだまだ少なすぎる」**。

それを聞いた瞬間、僕の脳内はスパークした。なんて自分の考えているスケールは小さいのだろうと。当時の僕は『タダコピ』というビジネスに取り組んでいた。大学に置いてあるコピー機。そのコピー用紙の裏面に広告を掲載し、（広告出稿企業から広告費をいただくことによって）学生のコピー費用を文字通りタダにするというサービスだ。

とあるビジネスプランコンテストで最優秀賞をもらったこのサービスは、徐々に日本全国の大学に広がっていたところだった。

『まずは全国制覇！』なんて意気込んでいたその最中に、自分の鼻っ柱をへし折られたのだ。僕の頭の中には、小さな日本地図しか存在していなかった。世界地図のカケラすら描かれていなかった。英語も話せない。外国人の友人もいない。そもそも、世界のリアルを何も知らない。**（頭の中に描く地図の差は、人生の可能性の差か……）**。こんな自分じゃダメだと思った。あの日、僕は日本を飛び出すことに決めた。

……とはいえ、人間の意志とは哀《かな》しいぐらいに脆《もろ》いものだ。旅立つことを心に決めてから、2年を超える月日が流れていた。自分はダメ野郎だなと反省しつつ、**（それでも、遅くなっても今から行動するのだから最低ではないだろう）**と自分に言い聞かせる。一番ダメなのは、ウジウジして行動しない人間だ。どんなにネットで調べてみても、誰かのブログを覗《のぞ》いてみても、結局は、自分自身の行動がなければ意味がない。

ちなみに、僕は世界を舞台に活躍するカッコイイ大人になりたいと思っていたわけなのだが、世界一周だけが当時考えていた選択肢ではなかった。今回の旅では、『英語力』『世界中に繋がり（友人）をつくる』『世界各地のリアルを知る』を自分の成長目的としていた。

最初はアメリカの大学でＭＢＡ（Master of Business Administration の略。日本語では、経営学修士）を取ろうかなとか、BRICs（21世紀に経済成長が見込まれる５ヵ国、ブラジル、ロシア、インド、中国、南アフリカの総称）の一つ、新興国ブラジルで５年仕事してみようかなとか、そっちの妄想を膨らませてばかりだった。そうしたら、英語も話せるようになるだろうし、世界に友人をつくることもできるだろう。ただ、世界各地のリアルを自分の目に焼き付け、肌で感じることができるのは世界一周しかなかった。それに**（純粋に死ぬまでに行きたいと思っていたんだから、行けるチャンスがあるうちに行くべきだろ！）**と単純に思ったんだ。

スーツ姿にバックパックで歩く旅人

——旅人らしく？　自分らしく？　結局、何が大切なのか？

僕はまず、今回の世界一周の旅で取り組むテーマを決めた。二つ。一つは、過去の自分と同じように、頭の中に『世界地図』を描いていない若者が日本にはたくさんいるだろうと。そんな20代の若者を中心に、世界を舞台に生きる魅力を伝えたい、世界を舞台に働くことは楽しいことなんだと伝えたい。そのために、世界各地でビジネスというフィールドで頑張っている日本人を訪ね、彼らのことをインターネット上でレポートしていくことに決めた。それが『サムライバックパッカープロジェクト』〈http://samuraibp.com/〉という、仰々しい、完全に名前負けしたプロジェクトだ。

もう一つは、とにかくインターネットサービスをフル活用しながら、お！　この人オモシロそうだな！と思う人がいれば、どんどんアポイントを取る。そうして世界中の人と交流すること、学ばせてもらうことだった。チャンスがあればオフィスにも訪問したいし、起業家が集まるイベントにも顔を出したい。だから、僕の旅の装備は一風変わっていた。バックパックの中にワイシャツ、ネクタイ、ジャケット、そして革靴を入れて持っていくことにした。

自分のプロジェクトも正式に立ち上げて、WEBサイトの開設をサポートしてくれる仲間にも恵まれた。自分の旅を連載してくれるメディアとの連携に奔走したりして、あっという間に時間が流れていった。

出発前、ある旅人との印象深い出逢いがあった。世界一周から戻ってきたばかりだった彼に、僕は自分の旅のプロジェクトの話、インターネットを使って世界中で逢いたい人に出逢う旅にするんだという意気込みを話した。しかし、なぜか彼は表情を曇らせた。**「んー。旅ってさ、もっと自由な方がいいと思うんだよね。そんなにプランをガチガチに固めると、逆に旅を楽しめないんじゃないかな？　僕はもっとプロジェクトとかじゃなくて自由に旅をした方がいいと思うよ」**。

自分にとっては予想外の回答だった。**（どうして旅のカタチを決めつけるのだろうか？）**と疑問に思った。旅は定義しちゃいけないんだと、僕は当時も今も強く思っている。『自分らしく』いることが一番大切であって、『旅人らしく』と考えている時点でダメだ。好きなように旅をすればいいと、そう思う。

他にも、先輩起業家には**「太田君、英語なんて話せなくたっていいんだよ。通訳を雇えるだけ稼げば、それでいいんだ」**と言われることもあった。通訳がいればいいかもしれない？　僕は出張で上海《シャンハイ》に行ったことがあったが、日本でも飲みニケーションと呼ばれるように、海外でも飲みニケーションは大切だった。飲みの場で通訳がイチイチ酔っぱらいの言うことを訳していたら興ざめだ。自分の言葉で語り合える、そんなカッコイイ大人でありたい。

それに通訳を使っている時点で、コミュニケーションの総量は50％オフになる。イチイチ通訳が間に入るのだから、相手が忙しい時にはデメリットでしかないだろう。今思うと、そんなことばかり考えながら、自分が日本を飛び出すことを、自分で納得させようとしていたのかもしれない。

Twitterで見知らぬ女子大生がくれたバックパックを背負う

――仕事を辞める前に用意しておくべきだったモノは？

旅立つことを決めたものの、僕はバックパックすら持っていなかった。そこでダメ元でTwitterを使って、**「どなたか使っていないバックパックが押入れの中に眠っていたりしませんか？」**とツイートしたところ、すぐに反応をくれた人がいた。その子は現役大学生で、**「私にはサイズが大きいですし、今後も使うことはないと思うので、世界一周に連れていってあげてください」**と僕に快く譲ってくれた。とても感謝している。

それから、具体的な準備をし始める。思いのほか準備が遅れたのが予防接種だった。

南米やアフリカにも行くので、黄熱病などの予防接種を受ける必要があった。クリニックに着くと医師との面談から始まる。

医師「君、一人旅？　どれぐらい行くの？」
僕「一人です。１年以上は行くつもりです」
医師「うんうん。じゃあ、旅先でセックスするだろうからB型肝炎も受けましょう」
僕「へっ!?（この医者いったい何をいきなり）」
医師「一人旅で１年以上ですものね。絶対セックスしますから！　絶対」
僕「そ、そうですかね……。必要ありますかね？」
医師「太田さん、ご結婚の予定は？」
僕「特にないです」
医師「将来、結婚したいですよね？　子ども欲しいですよね？」
僕「は、はい。将来的には結婚もしたいですし、子どもも欲しいです」
医師「ですよね。じゃあB型肝炎も受けましょう！　感染して子どもに後遺症でも残ったら大変ですからね！　いいですね!?」

何も言葉が出なくなった僕は、言われるがままに予防接種を受けることにした。結局、当初の予定だった黄熱病、破傷風、狂犬病に加えて、日本脳炎、腸チフス、B型肝炎の予防接種も受けることになった。まさか病院で、あなたは必ずセックスする！と力強く突きつけられるとは想像していなかった。それにしてもあの医師、とんでもない営業力だったなと感心。

予防接種も終わり、ここで本当に大きなミスだったと気づいたのは、クレジットカードだ。僕は無職。そう。会社を辞めてからクレジットカードを新たに取得するのは非常に困難だった。限度額を上げることすらままならない。それほどまでに社会は無職に厳しい。学生時代につくった、限度額がショボすぎる2枚のヘナチョコ学生用クレジットカードをお供に、僕は旅をすることになった。

『ありきたりな旅』を脱出する手段は、英語だ

――『英語なんかなくても旅はできる』と思っていませんか?

海外に行くにあたって、先立つものは英語だろう。間違いない。これは過去の自分の乏しい幾度かの海外旅行でも痛感している。『英語ができなくても旅は楽しめる』とはよく聞く言葉。それを否定はしないけれども、『英語ができれば旅はもっと楽しくなる』というのは間違いない。問題は、どうやったら数ヵ月で付け焼き刃でも英語を話せるようになるかだ。

はっきり言って、僕は本当に英語が苦手だ。大嫌いだ。高校時代の模擬試験の偏差値は39程度。英語のテストで、なんでかフィーリングが冴えて冴えてスラスラと解答欄を埋めきり、やたらと自信に満ちあふれていた時があったのだが、答案が戻ってき

た時に右上に大きく『4点』と書いてあったことは脳裏に焼き付いている。何が言いたいかというと、それほどまでに英語が苦手だということだ。英語で唄うロックバンドの歌詞を、意味もわからず熱唱していたのは自分です。

だから、そんな自分と決別したくて、環境を変えることにした。**（日本にいては自分は変わらない）（環境をガラッと変えるんだ）（もう、留学するしかない！）**。

しかし、これから世界一周に行くのだから予算はセーブしたいところ。みんなが一生懸命に仕事をしている平日の昼間、無職である僕はパソコンを開き、検索エンジンに入力してみた。『留学　英語　格安』と。もちろんいろんな情報が出てくるのだが、その中に目に留まるものがあった。それが『フィリピン留学』だった。

当時、フィリピン留学は今ほど多くの人が知っているわけでもなかったので、最初に見つけた時にはとてつもなく怪しいと思った。しかし、調べるほどに疑問は解消され、とても魅力的な選択肢に思えてきた。英語初級者の自分にとって、マンツーマンレッスンを毎日数時間も受けられて、3食寝床付きで月額15万円そこそこ！　さっそく、インターネットで安価でよさそうな語学学校を見つけて申し込んだ。

アメリカに留学をしていた友人には**「フィリピンに留学なんてありえない！」**とまで言われた。しかし、「これまで」はありえなかったものが「これから」は違うかもしれないじゃないかと自分に言い聞かせる。**(絶対にフィリピンで英語を学んで、ペラペラになってやるんだ)**と心に決めていた。もう、英語から逃げる人生をやめた。立ち向かうことに決めた。

世界一周前に3ヵ月間、フィリピンで英語を学ぶ。世界一周の序章。節約のために東京から大阪へ夜行バスで向かい、関西空港から格安のセブ・パシフィック航空（たまに行う激安キャンペーンがめちゃくちゃお得）でフィリピンの首都マニラへ向かうことにする。

新宿の高速バスターミナルに、家族とも呼べる辞めた会社の仲間たちがやってきた。涙が出そうになった。みんなから、旅立つ僕に渡された数々のプレゼント。基本的にはいらないものばかりもらった気がするが、なぜか『虫取り網』をこれからフィリピンに行く人に渡す想像力の豊かさに脱帽した。

「行ってくる！」

みんなから渡された虫取り網を右手に握りしめて、笑顔で感謝の気持ちを伝えた。お別れの挨拶をした後、虫取り網はそっとゴミ箱横に置いてバスに乗ったことを会社のみんなは知らないだろう。世の中、知らない方が幸せなこともあるもんだ。

さて、狭苦しい座席に乗り込み、いよいよフィリピンへ。首都マニラに到着。そこから長距離バスに乗って、語学学校のある高原都市バギオへ向かう。お世話になるのは『ヴィクトリーライナー』という縁起のいい名前のバス会社だ。5時間後、バスは到着。標高が1500mほどあるらしく、南国フィリピンのイメージとは異なり、涼しくて過ごしやすい。学校はなかなか見晴らしのいい場所にあり、これからの留学生活に心を躍らせずにはいられなかった。

荷物を置くと、さっそく英語のレベルチェックテストを受ける。英文法などの問題が出てくるのだが、本当にわからない。センセイ、マッタクワカリマセン……。かなり低い評価を頂戴する。中高6年間に加え、大学でも英語をやるチャンスが与え続けられてきたというのに、そこから逃げ続けてきた自分を悔やむ。**(もっとちゃんと英語を勉強しておけばよかった)**。心底そう思った。翌日から授業が始まる。僕はマンツーマンレッスンを3時間、グループレッスンを3時間。計6時間だ。

レッスンは小さな個室で行われた。フィリピン人講師の彼女の名前はメアリー。おばちゃん先生だ。僕に合わせてゆっくり話してくれるので、何を言っているか聞き取れないということはなかったのが救いだった。

メアリーが僕に自己紹介を求めたので、元気よくしゃべり出す。

「マイ ネーム イズ ヒデキ オオタ……」

趣味はビジネスや企画を考えることで、特技はバレーボールと口笛ですと答えた気がする（『日本口笛コンクール』にて、本選出場経験あり）。しかし、単語をポツポツと唱えるだけ。先生は笑顔でいてくれたが、自分が情けなくて悔しかった。そもそも、メアリーとの授業は文法クラスだったのだが、英語が1ミリもわかっていない僕に英語で英文法を教えるのには無理があった。ただのカオスだった。よって、僕は彼女に文法は自分で勉強するから、とにかく僕と英会話をしてくれるように頼んだ。

その日から、日本から持参した英文法書（『英文法のトリセツ―英語負け組を救う丁寧な取扱説明書～』（アルク）http://www.amazon.co.jp/dp/4757408447/。オススメの英文法書だ）を死ぬ気で読み進めた。授業だけでは足りないので、深夜まで自主勉強することを自分に義務付けた。週末に遊びにいくことも極力避けた。学校のアクティビティで、みんなが海に行ったり、観光地に行ったりと楽しそうだったが、まだ英語を思うように話せない自分には週末も遊んでいるヒマなんかないと言い聞かせ、ひたすらに勉強を続けるようにしていた。

カウチサーフィンという、新しい旅の出逢い方

――世界遺産よりも絶景よりも魅力的な出逢いは何だろう？

会社を辞める前に友人から教えてもらった、世界を旅する上で欠かせない、超！重宝！なインターネットサービスがある。それが、『カウチサーフィン（Couch surfing）』だ。旅行者が世界中の人と知り合うことができるサービスで、世界中で一千万人以上が使っている。登録者の詳細プロフィールを見て、この人なら信頼できそうと思えば、コンタクトを取ることができる。そして、自宅にホームステイさせてもらったり、一緒に食事をしたり、街の案内をしてもらったり（もちろんその逆も）などと使い方は幅広い。僕もこの旅で、宿泊数は約１５０泊、宿泊以外でもお茶したり一緒に呑《の》んだりした人が１００人ほど、カウチサーフィンの交流イベントなどで出逢

った人たちまで含めると、合計数百人以上の人たちとの出逢いがあった。

フィリピンで英語を勉強し始めてすぐにカウチサーフィンに登録した。ヘタクソな英語でプロフィールを入力し、さっそくバギオで登録しているフィリピン人ユーザーにコンタクトする。何人か返信があったのだが、その中で一番仲良くなったのがドミニクだ。ドミニクはスペイン系フィリピン人で、ちょっときれいな顔立ちをしている。国立フィリピン大学を卒業している優等生だ。以前、日本語を少し勉強していたという女の子だった。

彼女の英語はとても上手だった。親が彼女を英語ネイティブに育てるために、幼少期から家庭では英語を使っていたそうで、現地語であるタガログ語の方が苦手だと。自分の国の言葉よりも英語を優先して身に付けるのだから、それほどまでに国内にチャンスが少ないのかと考えさせられずにはいられなかった。このあたりに『日本人が英語を話せない本当の理由』がある。

ドミニクとは週に1回ペースで逢うようにしていた。彼女はとても英語が上手なので、一緒に食事をしたり、遊んでいるだけでも勉強になるからありがたかった。彼女のお気に入りのカフェに行ったり、公園に行ったり、友人を紹介してもらったり、スポーツバーでサッカー日本代表を一緒に応援したこともあった。彼女のおかげで学校外でも生きた英語を学べるチャンスが得られたことには、本当に感謝している。

〈日本人が英語を話せない本当の理由。その究極にあるのが『英語を使わなくても、収入のいい仕事に就けるから』だろう。世界中の多くの国では、英語ができないと収入のいい仕事には就けない。逆に日本では英語ができなくても、年収1000万円をもらえる人がたくさんいる。日本のスゴイところだとも思うし、徐々に転換期を迎えていることも実感している〉

韓国人と間違われて生まれた一つの物語

——国境を越えた出逢いの味を味わったことはありますか？

ある日、バギオのバスターミナル付近で、突然韓国人の女性に声を掛けられた。

「Excuse me. Are you Korean?」

い、いいえ……！　僕、純正のジャパニーズです……！　バギオには韓国人が多く、日本人の方が珍しいためによく間違われる。

話を聞くと、フィリピンに観光旅行で来たらしく、１週間の滞在予定なのだが最初の都市以外はノープランで来たそうだ。すでに19時を過ぎた頃で、辺りも暗くなっている。ホテルも決まっていないとのこと。

僕はまず、彼女のホテルを一緒に探すことにした。一晩４００ペソ（当時日本円で

900円程度）の宿。その後、一緒に晩ごはんを食べることに。バギオでオススメできる美味《おい》しいフィリピン料理レストランへ（フィリピン料理のオススメとしては、豚の丸焼き料理レチョン、酸味の強いシニガンスープは定評がある）。

そこで彼女の話を聞いた。


彼女の名前はＯＺ。オズ。もちろん、イングリッシュネーム（簡単に言うと、英語（外国語）を話す時に使う名前。中国や韓国の人の名前は英語圏の人が覚えにくいので、呼んでもらいやすいように国外での通称名を自由につけるようになった。元々はイギリス領だった香港から始まったと言われている）。彼女が好きな『オズの魔法使い』から名前をとったらしい（そんな僕のイングリッシュネームはＭＯＨＩ。日本人にも外国人にも、なぜＭＯＨＩなのか？と質問されて困る日々。面倒くさいので適当に誤魔化している）。彼女は27歳で、今は韓国で子どもたちに英語を教えているそうだ。どうりでまた、彼女の英語の発音もとてもきれいだ。

今回、一人旅は初めてで、行く先々での出逢いが楽しみだと。**「韓国に帰ったら、また大学に入り直すの。それから、英語学科を卒業して、もっと英語教師として上の**

レベルを目指すのよ」と彼女は自分のビジョンを語っていた。そんなこんなで、英語教育やらフィリピン文化やら、なぜ僕らが英語を勉強しているのか、彼女の残りの滞在プランを考えたりで話は盛り上がる。

異なる国の人と語り合って一緒に楽しんだり、哀しみを共有したり、疑問をぶつけてみたり、笑い合ったり。僕は日本の友人と当たり前にできるこのコミュニケーションを、世界中の人とも繰り広げたいんだ。だから僕は英語を学んでいるんだと再認識できた日でもあった。

別れ際、彼女が突然僕に向かって1冊の本を差し出した。『オズの魔法使い』。それはまさしく、彼女のイングリッシュネームの元になっているあの本だった。英語版。

OZ「あげるわ」

僕「大切な本だろうから僕は受け取れない」

そう伝えた。それでも彼女は、

OZ「あなたは私にたくさんの時間を使ってくれたから、何かあなたにプレゼントしたいの」

と本を差し出してくる（ラブドキュメンタリーみたいになっていますが、決してそういう流れではございません）。でも、僕は受け取れないと伝える。

僕「僕もこれから長い旅に出る。世界を1年以上かけて旅する。きっと多くの人に助けられ、多大なる面倒を無数の人にかけることになると思う。たまたま今、僕はフィリピンに慣れていて、君を助けることができる。それは自然なことだから、もし君が今後、どこかで誰か困っている人を見つけたなら、その人を助けてあげてくれればいい」

本音ではありつつもキザっぽく言い放ち、別れを告げる。

でも、これって本当にそうだと思うんだ。僕は、人生はバトンリレーだと思っている。僕が渡したバトンをその人が次の誰かに渡せばいい。そのバトンが僕のところまで戻ってこなかったとしても、別にそれはそれでいい。

これからの旅の中で、どれだけの人から僕はバトンを授かり、どれだけの人にバトンを渡して繋いでいけるのか。たとえ授からなくても、自らがバトンリレーのスタート走者でありたいと思う。

2年後、僕は韓国にて彼女と再会し、美味しい韓国料理をご馳走になった。出逢いは国境を越えていくんだと思えた瞬間だった。

25歳からでも英語はなんとかなると証明したい

――挑戦もしないで、自分の未来を諦めてはいませんか？

悪戦苦闘の日々。かつて、ここまで勉強をしたことがあっただろうか？と思えるほど、英語に没頭していた最初の1ヵ月（留学時の一日のタイムスケジュールは、7時起床。8時からマンツーマンとグループクラスで授業を受ける。17時には終わり、夕食を食べてから25時頃まで自主学習に取り組む日々）。しかし、人間というのはだらしない生き物で、どうしても怠けや甘えが出てくる。例外なく、僕自身もそういった雰囲気に変わっていきそうだった。そんな時に僕を励ましてくれたのは、同じ部屋で暮らすルームメイトだった。

僕の留学生活を語るのに忘れちゃいけないのが日本人留学生のユージだ。ユージも勉強から逃げっぱなしの人生だったようで、本当に英語力リアルゼロからのスタートだった。しかし、この半年間の留学の後に、彼女と一緒にカナダでワーホリで暮らす計画があるそうで、退路を断ってフィリピンに来たとのこと（「ワーホリ」とは、18〜25歳または30歳までの人が海外で一定の就労をすることを認める査証及び出入国管理法上の特別な制度）。彼は本当に毎日黙々と勉強を続けていた。自習机に向かう彼の後ろ姿に何度助けられたかわからない。ユージ、本当にありがとう。彼は半年後、本当にカナダに渡ってバスの運転手を始めたとか。人生は、何がどうなるかわからないからオモシロイ。

英語は、結局は話す量がモノを言う。だから、マンツーマンレッスンが主体のフィリピン留学にはとてつもない可能性を感じている。留学して最初の1週間、見事に木っ端微塵《みじん》にされた僕の自信。そこから3ヵ月間でなんとかはい上がってこられた。もちろん、まだまだヘナチョコ級の英語力であることは自覚していたし、発音レッスンは最後の2週間だけ選択して頑張るものの、『R』と『L』の発音も正確に区別できないまま卒業の日を迎えた。

当面の課題は、『Really』をちゃんと伝わる発音で言えることだった。発音の大切さに気づいたのが終盤だったので、そこの力不足は否めない。でも、自信を持って自分の言葉で意思を伝えられるようにはなってきていた（えらい進歩だ！　人類の起こした奇跡だ！）。英語が大嫌いで逃げっぱなしだった自分が、今では英語を使って当たり前のようにコミュニケーションをしていること。それ自体に感動していた。

結論から言うと、**「英語を学びたいんですけど、どうすればいいですか？」**と訊かれたら、迷わず僕はフィリピン留学をオススメする。

まず、魅力の一つ目として、圧倒的なコストパフォーマンス。毎日4〜6時間のレッスンに加え、3食・寝室付きで月額10万円から20万円程度は格安だ。これは、物価や人件費の安いフィリピンだからこそ可能なこと。

二つ目は、日本人に最適なマンツーマンレッスン。読み書きよりも話す聴くが苦手な日本人にとって、会話の量がモノを言うマンツーマンの効果は絶大だ。単純に、講師1人に生徒が10人の語学学校と比べると、話す量は10倍。

最後に三つ目として、フィリピン人の英語は初心者に優しいということが挙げられる。**「そもそもフィリピン人の英語力は大丈夫なのか？」**と訊かれることが多いのだが、実はフィリピンは、世界一の『英語コールセンター産業』の国だ。数多くのアメリカの大手企業からコールセンター業務を請け負っている。

当時の僕は25歳だったけれど、25歳からでも英語はなんとかできるんだというモデルケースに自分自身がなれるようにもっと頑張ろうという決意のもと、フィリピンを離れることとなった。3ヵ月間お世話になった先生や仲間とお別れの挨拶をして、日本へ一時帰国。日本に1ヵ月間滞在をして、準備をしたら、いよいよ世界旅行へ出発だ。

第二章

北米

選んだのは、東回りで世界一周

――あなたなら、1ヵ国目はどの国を選ぶ？

フィリピン留学後、1ヵ月間は家なき子だったので、友人の家を転々としながら生活していた。9月15日、いよいよ旅立ちの時。

日本を旅立つ前の最後の手続きが、住民票を抜くことだった（参考までに、僕の世界一周前の手続きの列記を。退職、住居退去（引っ越し）、予防接種、海外旅行保険加入、住民税支払い、国際キャッシュカード発行、パスポート更新、国際運転免許証発行など）。役所に行くと、簡単な手続きで終わる。なんとも呆気《あっけ》ない時間。しかし、不思議と実感が湧いてくる。

（ああ、自分は日本を離れるんだな）。

万が一、自分に不幸があった時の遺言は姉貴に託した。僕が死んだら葬式は普通にはやらなくていい。もらえる生命保険のお金で、ライブハウスを貸し切りにして、友人知人、お世話になった人をお招きして、僕の大好きなアーティストを呼んで、ライブをしてほしいんだ。できれば、予算的に無理かもしれないけれど、東京スカパラダイスオーケストラがいい。めっちゃ楽しい雰囲気で、笑顔になれるように。

荷物は大きめのバックパック一つと、肩がけのスポーツバッグを一つ。この二つのカバンに1年以上世界を旅するのに必要な装備が詰め込まれていった。ノートパソコン、外付けハードディスク、カメラとデジタル機器は多め。衣類を最低限にして、後は必要なものは現地調達（ただ、出発前は海外経験値がなさすぎて、本当に何でも海外で揃《そろ》うんだろうか？と不安な気持ちが大いにあったのだけれども、驚くほどに世界はグローバル化が進んでいて、どこでも同じものが手に入るんだな……と後に学んだものだった）。

出発直前、美容師見習いの友人が髪を切ってくれるというのでお願いしたら、見事なまでに変な髪型になってしまった。

（なんてこった……。まぁ、これから世界各地で髪を切ることになるのだと思えば余裕、よゆう……）

ヘンテコな髪型のまま、仕事でもプライベートでも慣れ親しんだ渋谷の街を離れ、空港へと。いよいよなんだ。死ぬまでにやりたかった世界一周。それが現実に迫っている不思議な感覚。一生に一度かもしれないこの旅を120％楽しむことを、あらためて心に誓った。

世界一周者は、西回りといってアジアから入ることが多いのだが、僕は東回りを選んだ。その理由は、フィリピンで鍛えた英語が本場アメリカで通用するのか試してみたかったからだ。成田空港から飛行機に乗り込み、いざ最初の国アメリカへ。太平洋を横断し、飛行機を降りて、サンフランシスコ国際空港の外へ出る。そこには驚くほど青々とした空があり、僕の旅路を祝福してくれているかのようだった。

起業家の聖地、シリコンバレーから始まる旅

――自分の存在の無意味さを痛感したことはありますか？

起業を志す者であるならば、一度は訪れたいと思う街はどこだろう？　誰もが最初に口にするのが、『シリコンバレー〈サンフランシスコ・ベイエリアの南部に位置している周辺地域の呼び名。ＩＴ企業の大拠点となっている〉』に違いない。僕の旅路もこの街から始まった。現地の日本人の方々にお世話になり、多くの人との出逢いがあった。ミーハーにもAppleやGoogle本社のオフィスにも訪問させていただいた。特にGoogleのランチビュッフェがすごすぎて驚いた。和・洋・中なんでもあるのはもちろんのこと、そのクオリティの高さよ……！　噂《うわさ》では、年収３０００万円で雇われている凄腕《すごうで》料理人がいるだとかいないだとか……。うらやましい福利厚生がGoogleにはあった。

滞在中、僕はスタンフォード大学で行われるビジネス系イベントに参加することになった。さっそくの出番ということで、バックパックに忍ばせてきたジャケットを身にまとい、いざ戦場へ！

果たして、英語力ゼロから3ヵ月間で叩《たた》き上げてきた自分が通用するのかどうか……!? 結果は、ボチボチ！ イベントの内容は『携帯電話がどんなイノベーションを起こせるのか』というテーマだった。客席でプレゼンテーションを見ながら、知らない単語が出てきてもなんとなく理解したつもりで過ごしていた。

イベント後、たまたま運営団体に日本人の方がいて、**「翌月のイベントのための企画ミーティングがあるから参加してみて！」**と言われた（これは参加しないわけにはいかない！）。

そういうわけで、後日、イベント運営団体の方々が集まる会議に訪れた。……が、結論から言うとボコボコにされました。別に、誰かにボコボコ殴られたわけではない。微妙に芽生え始めていた英語への自信がボコボコにされ、木っ端微塵に砕け散ったんだ。

その日は、『水ビジネス』をテーマにみんなでディスカッションをするということだった（地球上の水資源のうち、97・5％は海水。実際に人類が利用できる淡水は0・01％と限られている。一方、世界の人口増や都市化・工業化により水需要は増え続けている。つまり、水は石油と同じように貴重な資源であり、世界的にビジネス化の熱が高まってきている）。しかし、先日のプレゼンテーションではないガチンコ議論をする場だった今日は、みんなが英語を話すスピードも違えば、表現も異なる。『水ビジネスとはなんたるか』の説明をチリ出身のベンチャーキャピタリスト（ベンチャー企業に投資を行うべく、資金を集め、ファンドの運営責任を担う人のこと）の方がしていたのだが、まずその説明の内容自体が半分も理解できなかった。

みんなで意見を出し合う場になると、次から次へと手が挙がる。そこには、約20人の人がいた。人種がバラバラなことはもちろん、シリコンバレーでベンチャーキャピタリストをやっている人や起業家、弁護士。僕の隣の席にいたスタンフォード大学に通うインド人の女性が元気よく手を挙げて意見を発していたのだが、僕には彼女の話す英語が正直ほとんど聞き取れなかった。

その瞬間、自分の存在の無意味さを実感した。水ビジネスの説明についても正確に理解できていなかった上に、みんなの意見や議論内容はほとんどわからない。もう、まったくミーティングについていけていなかった。僕はただただ自分の英語力の至らなさを嘆き憂いた。世界を舞台に活躍したいと思ってはいても、英語という本物のパスポートがなければ、その土俵にすら立てないんだ（そもそも、フィリピン留学がたった3ヵ月間の実力で、世界最高峰の地に来た僕も僕かもしれないが）。まだまだ自分の英語力を磨いていかねばならないと強く痛感したのはこの時だった。

シリコンバレーで受けた洗礼で、僕は一つ確信したことがある。海外で出逢う外国人がよく、**「日本人はシャイだよな！　言いたいことを言わないんだもの！」**と僕らを小馬鹿にすることがあるが、それは決して僕らがシャイだからなのではない。そもそも、本当にシャイな人間は海外に出てこない。海外に出てきて、それでもシャイと呼ばれる人間は、きっと僕のように英語力が足らなくて、みんなが何を言っているのか見失ってしまった人のことなんだと思った。

フィリピン留学が無駄だったとは思わないし、アメリカ人とも一対一であれば問題なくコミュニケーションを取ることができる場面も多かった。しかし、複数人いる場合にはいつも話題を見失ってしまってばかりだった。今思うと本当にアメリカに行ってよかったと思う。最初がアジアだったら、きっと僕の英語力でも通じちゃうから。自信を木っ端微塵にしてもらってよかった。ここからまた、一つひとつ積み重ねていこうって。この悔しさをバネに、僕は自分の英語力を磨き続けていくことを決めた。

この街が『聖地』と呼ばれる理由

――シリコンバレーは天国か、地獄か？

さて、ここシリコンバレーは『起業家の聖地』と呼ばれるほど、日々新しい事業やサービスが立ち上がっている。本拠地がある先端技術企業はアドビシステムズ、Apple、eBay、Google、intel、Facebook、Symantec、Yahoo!など。そこで働く人たちも夢や野心を持った人が多く、毎日が刺激的だった。

僕が出逢った日本人の中には、高卒でロッククライマーとしてアメリカにやってきて、何年も崖登りをした後に、会計学を勉強して超難関監査法人のシリコンバレー拠点に採用された人もいた。

シリコンバレーには、『魅力』なのか『魔力』なのかわからないが、夢を叶《かな》えるために多くの人がそのエネルギーに吸い寄せられるように集まっている。

この街で長年働いている方から、たいへん興味深い話を聞かせてもらった。**「シリ**

コンバレーで働く人たちは、日本の企業で働いている人たちとは意識が違う」と。この街では、結果を出せない人間はもちろん、個人としては実績を出している人間であっても、部署採算が悪ければ部署が丸ごとリストラに遭ったり、急な企業合併によって、リストラに遭ったりというのが日常茶飯事とのことだった。そんな環境下で働く人たちはみんな、いつ何が起こっても『自分』への次の仕事のオファーが来るようにしていると。強い向上心と危機感を持って仕事をしていると。終身雇用制と年功序列制が根強い日本とは、大きく異なる環境。シリコンバレーはまさに弱肉強食の場所だった。

タクシーに乗っていた時に運転手が話しかけてきた。

「俺も以前はシリコンバレーの企業でエンジニアをやっていたんだ。でも、リストラに遭って、そこから再就職できずにタクシードライバーをしながら、次のチャンスを待っているんだよ」

この厳しい競争があるからこそ、次々と新しいモノが生まれる場所になっているのかもしれない。

この場所は、ただ理由もなく輝かしい場所なわけではなく、数えきれないほど多くの人の苦しみ、辛さ、失敗、そういったモノの上に成り立っている。だからこそ、世界に名だたる企業やサービスがシリコンバレーから輩出されているんだ。

「賭けるなら、私に賭けろ」と言うラスベガスのホームレス

――『ファンキーなホームレス』に出逢ったことはありますか？

シリコンバレーを後にした僕は、ロサンゼルスへと向かっていた。移動予算はできるだけ抑えていくというポリシーがあったので、長距離バスでロサンゼルスへ。名門大学ＵＣＬＡ（カリフォルニア大学ロサンゼルス校）やハリウッドスターの手形が並ぶストリートに行ってみたり、サンタモニカビーチで夕焼けを拝んでみたりと、ひと通り観光地を見終わった後に、必ず行くと決めていた『超格安！　ラスベガス＆グランドキャニオンバスツアー』に参加することにした。２泊３日でラスベガスのホテルに泊まりつつ、往復バスの費用はもちろん、グランドキャニオンやサボテン博物館などの周辺観光スポットにも連れていってくれるのに、たった１５０ドル！というウル

トラお得なツアーなのだ。
(ここが世界屈指の大人のパラダイス、ラスベガスか!)。メインの大通りに立ち並ぶ巨大ホテルや歓楽施設。これはすごいな!と息を漏らさずにはいられない。ホテルにチェックインした後、ラスベガスの夜を楽しむ。大道芸人もそこら中にいて、とても華やかな街がそこには広がっていた。シルク・ドゥ・ソレイユのラスベガスでしか観られないショーを珍しくケチらずにS席で観たりした。

　こんなにも華やかで楽しい場所を僕は他に知らなかった**(でも、ここは一人じゃなくて、仲の良い友人連中とワイワイ遊びにくるのが楽しいんだろうなぁ)**。周囲の観光客を眺めながら、一人旅の寂しさを噛《か》み締める街でもあった。

　ホテルに戻ろうとしていた時だった。観光客が華やかな街を練り歩くその脇に、ホームレスのおじいさんを見つけた。おじいさんは看板を持ちながら寝ている。看板にはこう書いてある。

『I'm a Homeless. But I'm not a hopeless. Please bet me.(私はホームレスだが、希望を失ったわけではない。賭けるなら私に賭けなさい)』

……やるじゃん!　アメリカ!!　なんてファンキーで図々しくもたくましいホーム

レスなんだ！　僕は、そのホームレスのおじいさんの謎の強さに感激したのだった。

その後、グランドキャニオンで『全裸で踊る美女と遭遇する』という衝撃的な出来事があったのだが、僕にはこのホームレスのおじいさんの方がインパクトが大きかったようで、その話は割愛させてもらうことにする。

黒人教会で唄われる、圧倒的なゴスペル

――神を信じ、人が泣き崩れる姿を見たことはありますか？

旅の景色は打って変わって、ここはアメリカの東海岸。僕はニューヨークに来ていた。世界屈指の大都会。タイムズスクエアでの年末カウントダウンは、もはや世界的なイベントになっている。そんなニューヨークの中でも、僕はどうしても訪れたい場所があった。それは黒人教会の礼拝だった。お目当ては……、ミーハーにも教会で唄われるゴスペルだ。

教会では、毎週日曜日の朝に観光客を受け入れて礼拝をしているのだが、そこでゴスペルが披露される。それが圧倒的な完成度だそうで、音楽好きとしては一度は耳にしたいと思っていた。インターネットで調べるとたくさん情報が出てきた。ひとまず、

宿から一番近くにある教会に向かうことにする。しかし、なんということか！　ツアー客で予約が一杯だと言われてしまったのだ。どうしても諦めきれなかったので、宿に戻って必死に今からでも行ける礼拝を探す。すると、マンハッタンのハーレム地区にある黒人教会が夜8時から礼拝をしているとのこと。さすがに一人では不安もあったので、宿にいた別の日本人を誘って二人で出向いた。

教会の中に入る。**（！！！！）**。黒人が200〜300人はいただろうか……？　観光客というか、黒人以外は僕らを含めても5人ぐらいしかいなかった。**（すごいところに来てしまったな……）**。驚く暇もなく、さっそく礼拝が始まった。衝撃の連続だった。

みなさんは、**キング牧師**（1950〜60年代に『非暴力主義』を掲げる人種差別撤廃運動を主導した。64年、ノーベル平和賞を史上最年少の35歳で受賞）の演説を聴いたことがあるだろうか？『I have a dream.』から始まる有名なやつです。もう、まさにアレだったわけです。牧師さん（神父さん？）が、大きな声に気持ちを乗せて叫んでいた。

「We are different!! We are unique!!（私たちは別物なんだ!!　それぞれに個性があ

るんだ!!)」

熱いメッセージをシンプルにわかりやすく届けていく牧師。何よりも驚いたのが、それに呼応するように立ち上がり、何かを叫んでは共感を示し始める礼拝者たちの姿だった。未《いま》だかつて、こんな場に遭遇したことはなかった。本当に度肝を抜かれた。ゴスペルも一応1曲歌っていたのだけれども、もはやゴスペルなどはどうでもよくなっていて、あの牧師の心を鷲《わし》づかみにするような演説と、それに呼応する人々のやりとりに魅了されていた。

演説がひと通り終わると懺悔《ざんげ》の時間が始まる。泣き崩れて罪の告白を行う参拝者たちの姿が見える。本当に本当に衝撃的だった。彼らは本当に神への信仰を持ち、自分自身の罪に対して赦《ゆる》しを求め、それが実際に与えられているのだろう。宗教は、世界中で徐々に形骸化していく流れの中にあるものだと思う。しかし、このように人々の救いの場になっている現実を目の当たりにすると、その存在意義の大きさに感服せずにはいられなかった。

日本にいては知ることのなかった、世界のリアルだった。

第三章

中米

北米と南米の真ん中、その繋ぎ目

――中米を旅するために必要なモノは何だろう？

アメリカでの滞在は1ヵ月半ほど。それから僕は中米へと向かった。最初に入る国はグアテマラだ。コーヒー豆で有名なので、国名を知っている人は多いかもしれない。僕は正直、中米ってどこ……？と思っていた部分もあったくらいだが、アメリカ大陸って北米と南米があるじゃないですか。文字通り、その真ん中。繋ぎ目になっているところなんですね。アメリカ合衆国の南側にメキシコがあり、ベリーズ、グアテマラ、ホンジュラス、エルサルバドル、ニカラグア、コスタリカ、パナマなどで構成されている。に、にからぐあ……？と聞いたことすらない国もあった。

グアテマラは、その中でも人口1500万人強と比較的多い国だ。しかし、あんまり治安がよろしくないと聞いていたもので、けっこうビビっていた。フィリピン以外では初めての途上国。ニューヨークのマンハッタン・ハーレム地区も夜はかなりビクビク移動していたけれども、**「中南米はレベルが違う」**と旅人みんなが言う。ニューヨークからのフライトで空港の滑走路に飛行機が到着した時、乗客がみんな拍手をし出したのだから、驚く（拍手するほど飛行機が危ないものだと思われているのだろうか……？）。

とにかく無事に、首都グアテマラシティの空港に到着。空港で最小限の両替をした後に、シャトルバスに乗って目指すは旧首都アンティグアだ。グアテマラは国全体としては治安がいいのだが、首都だけは治安が悪いため、旅行者はすぐにアンティグアへ向かうのが当たり前。そこがグアテマラ旅行の拠点となる。

さて、ここで問題です。

「なぜ僕は、アメリカから陸路で南下してメキシコに入るのではなく、グアテマラまで飛んだのでしょうか？」

その答えは、「スペイン語を学ぶため」だった。中南米はかつてスペインの植民地だったエリアが多く、多くの国の人々がスペイン語を話す。グアテマラは物価や人件費が安いため、スペイン語をマンツーマンレッスンで格安で習えるというわけだ。まさにフィリピン英語留学のスペイン語版だ。僕はアンティグアにある日本人宿にチェックインして、どこの語学学校に通うべきか、情報収集を行った。

まず、最初の1週間はアタバルという日本人が経営する語学学校へ通うことにした。毎日4時間ほどのマンツーマンレッスンを受けさせてくれて、週5日間で80ドル程度。スペイン語の参考書を持っていなかったため、日本語で書かれてある参考書があるアタバルに決めた。

感触はどうだったかというと……予想外に英語とスペイン語が似ていることに気がついた。特に単語。単語は発音の仕方が異なるだけで、綴《つづ》りがほとんど同じというものが全体の3割ぐらいあった。たとえば『important』とかも、スペイン語では『importante』だ。そんな感じで英語を意識しながら教わると、頭の中にスラスラと入ってくるようになった。最後のレッスンが終わった後、基本的な文法と旅行レベルに使える単語や数字などが、僕の頭の中に断片的な知識として吸収された。

マクドナルドが超絶に豪邸

――グアテマラでは、マクドナルドは高級レストラン？

この街で過ごした中で、一つオモシロイ話がある。アンティグアのマクドナルドが超絶に豪邸。メニューの価格自体は日本よりもちろん安いのだが、店内の設備は、中庭テラス席なるものもあり、すごくゴージャスな雰囲気が醸し出されている。**(こんなマクドナルドだったら毎日のように行きたいもんだな)**。グアテマラの現地人も子連れの家族で来ている人が多かった。スペイン語講師に**「マクドナルドすごいね」**と話すと、**「ええ、そうよ。高級レストランなんだから」**と返されて驚く。マクドナルドが高級レストラン？　そんな馬鹿なと。

僕は先生に返す。**「日本だと、マクドナルドは女子高生とか中学生とかが利用するのが当たり前で、誰でも入れるお店なんだよ」**。逆に先生が驚く。グアテマラでは、マクドナルドは高級レストランの部類に入り、家族のお祝いごとの時などに訪れるそうだ。フィリピンでもそうだったが、日本人の金銭感覚的には現地のマクドナルドは安い。しかし、現地の人が気軽に食べられる価格帯ではないのも事実だ。旅をしていると、時折こういった先進国と途上国、貧富の差によるイメージギャップに気づく。国が違えば、マクドナルドだって高級レストランになることもあるんだ。

アンティグアで、短期間ではあるけれどもスペイン語を学ぶ目的を果たしたので、一旦南下してコスタリカまで向かうことにする。途中で通過する国はホンジュラスとニカラグアだ。ホンジュラスの都市サンペドロスーラと首都テグシガルパは治安が悪いと評判だったので、夜は宿から一切出ないように心がけた。

印象に残っているのは、ホンジュラスとニカラグアの国境。陸路でバスに乗って国境を越えたのだけれど、ホンジュラスでは、タクシーっぽい乗り物はだいたい原付バイクの横や後ろに人を乗せる場所があるのが主流だった。それが国境を越えてニカラグアに入った途端、自転車に変わった。人力車のようにおっちゃんやおじいさんたちが自転車を漕いで移動するんだ。ニカラグアは中米最貧国の一つと言われているのだが、国境を越えただけで、数百メートルでここまで如実に変わるのか！と衝撃を受けた。

ニカラグアで聞いた旅人の中の間違った武勇伝

――「ただいま」と言えるように、旅していますか？

ニカラグアの首都マナグアのバスターミナルに到着すると、独房のような、窓から光も入らないようなターミナル隣接のホテルに宿泊することになる。噂によると、この長距離バスターミナルは外国人旅行者がよく利用するために、ターミナルの外に出ようものなら高確率で強盗に遭遇するらしい。

グアテマラの宿で知り合った旅人が実際に試したそうだ。貴重品はホテルに置いて、10ドル札だけポケットに入れて、ターミナル周辺を30分ウロウロ。そしたら見事に遭遇して、拳銃を突きつけられたそうだ。出すものを出せば、彼らも命までは取らない。彼は無事に戻ってきたのだけれど……。なんて愚かな試みなんだと僕は思う。もし犯人の指がすべって引き金が引かれたら、そこで人生終了なのだから。

時折、旅人の中で間違った武勇伝が交わされる。**「拳銃強盗に銃を突きつけられたんだけど、『それ、偽物だろ！』と言い張って押し切ってやった！」**と自慢する旅人がいたそうです。不幸が増えるから。そんなアホみたいな武勇伝を語るのはやめた方がいい。アホが増えるから。不幸が増えるから。周囲の大人は若者が感化されないように、こんな武勇伝を振りまく人にしっかりと注意してあげてください。そこで死んでたらどうするんだと。たまたま生き残れてラッキーだっただけで、それを武勇伝のように語り、真似《まね》をする人が死んだらどうするんだと。


旅、というのは見知らぬ土地で、言語も通じない場合が多い。世界最高レベルの日本の治安とはほど遠い世界が待っている。落とした財布が戻ってくる可能性があるなんて、世界のほとんどの国ではありえない現実。襲う人は、襲うだけの理由と覚悟を持っています。殺《や》る人は殺ります。だから、本当に気をつけて。銃を突きつけられたら、基本は荷物を渡すのが賢い選択。

そうやって僕ら旅人は、『ただいま』を言えるように。日本で帰りを待ってくれている大切な人たちに、『ただいま』を言えるように。僕自身も『ただいま』を言えるように、最大限注意をしながら旅を進めていこうと、気持ち新たに。

「旅に出る前は？」「私たちは、軍隊にいたわよ」

――あなたにとって、テレビのニュースは現実ですか？

僕の足跡は自然豊かなコスタリカまで辿《たど》り着いた。ジャングルエコツアーに参加したり、現地で奮闘する日本人起業家の方々などと交流させてもらったり、国連平和大学（1980年に国連によって設立された研究機関。平和に関する高等教育を行う国際機関をつくり、人道支援を供与するために設立された）の学園祭のようなものに飛び込み参加してみたりしながら、コスタリカを満喫する。そして、再びグアテマラのアンティグアへと戻るのだった。

次に向かうは知る人ぞ知る、グアテマラの秘境セムックチャンペイ。エメラルドグリーンの美しい川が流れる山奥の秘境だ。首都グアテマラシティからシャトルバス

（激狭）で8時間。石灰棚が有名。階段状の湖がとてもきれい。僕はそこで川下り&洞窟探検ツアーという、わりと激しめなアウトドアアクティビティに参加した。その洞窟探検がとんでもなくスリリングかつオモシロかったのだけれども、その話はまた別の機会にしたいと思う。

そのセムックチャンペイツアーで一緒になり、仲良くなった外国人旅行者が何人かいる。その中にイスラエル人の女の子2人組がいた。まず驚いたのは、彼女たちが英語ペラペラだったこと。**「イスラエル人なら基本的には英語できるよ」**と言われて、ちょっとした衝撃を受けた。彼女たちの母国語は英語ではなく、ヘブライ語である。しかし、イスラエルの若者なら英語を話すのは普通だというリアクション。

僕は彼女たちに問いかけた。

「君たちは旅に出る前は何をしていたんだい？　学生？」

すると、思わぬ答えが返ってきた。

「私たちは軍隊にいたわよ」

「えっ？」

話を聞くと、イスラエルでは女性にも兵役の義務があるそうで、若くして1〜2年は軍隊に貢献することが決められていると。イスラエルといえば、テレビで時折、戦争の話題で聞く国だ。それにしても、韓国のように男性だけならまだしも、まさか女性まで軍に入らなければいけないとは……。近隣諸国と常に緊張関係にあるイスラエルは人口も少ないため、男性だけではなく女性でさえ人手として駆り出されているのだろうか。

……世界は広い、というよりも、僕が世界を知らなすぎたのだと思う。世界に無知である自分をあらためて恥じた。

おそるおそる、彼女に軍隊では何をしていたのか尋ねると、**「武器の使い方を教えていたの」**と平然と言った。

日本は平和すぎて、世界各地で今も戦いや争いがあることを忘れがちだけれども、紛れもなく、これが世界の現実なんだ。テレビの中のニュースを初めて現実として受け止めることができた出逢いだった。そして、僕はこの旅の先でイスラエルを訪れることに決めた。

セムックチャンペイではもう一つ、オモシロイ出逢いがあった。ブラジル人のロドルフォだ。彼とは夜な夜なお互いに拙い英語で語り合ったものだった。そんな彼とは、ブラジルの治安の話題になった。

僕「ブラジルはただ治安が悪いだけじゃなくて、レイプとか性犯罪もすごいと聞いたよ（10万人当たりの犯罪発生件数（2012）殺人【日本の34倍】・強盗【日本の3－5倍】・誘拐【日本の2－5倍】・強姦【日本の31倍】・傷害【日本の19倍】《参考》外務省 海外安全ホームページ）。**ブラジルは本当に危ない国ですな！ はっはっはっ！」**

笑いを交えてしゃべっていたら、とんでもない返しがきた。

ロドルフォ「俺は日本はとんでもない性犯罪大国だと知っているぞ！」

僕「そんな馬鹿なことあるかいな！」

と僕が問いただすと、彼からまた衝撃的な単語が飛び出た。

ロドルフォ「チカン（痴漢）だ。日本では痴漢という性犯罪が日常的に行われていると俺はニュースで見たぞ！」

（……なるほど）。納得してしまった。そうか、確かに痴漢も性犯罪だ。そう考えると日本は性犯罪大国に見えるのかもしれない、というかそうなのだろう。僕は、ただただ素直に彼に謝罪したのだった。

地球の裏側で、変わらない日本の働き方を知る

――仕事を辞めて旅するのは、日本人だけ？

たくさんの出逢いがあったセムックチャンペイを離れて、グアテマラ北部にあるフローレス島という場所へやってきた。ここは、中米屈指の大遺跡であるティカル遺跡を観光する拠点となっている。フローレス島は、湖に囲まれたとても小さい島だ。その島にあるゲストハウスに宿泊する。ハンモックもいくつかあり、長期滞在をする欧米人バックパッカーが多かった。

そこで出逢ったドイツ人の話。30歳ぐらいで、2ヵ月のスペイン語留学と1ヵ月の中米旅行で、合計3ヵ月の滞在とのことだった。

「つまりは、この旅行が終わったらドイツに戻って転職活動なの？」

僕が尋ねると「**NO**」と返ってきた。（NO……？）

また尋ねると、

「**どういうことなの？**」

「**会社の長期休暇で3ヵ月間の休みを取って来たんだよ**」

と返ってきた。

（**そんな馬鹿なことがあるか。日本では2週間の休暇を取ることすらままならないのに、3ヵ月の休暇なんて、いくら外国とはいえありえるわけがない!!**）

なぜか一人で勝手に憤って、何度も本当に会社を辞めてないのか？と確認してしまった（世界各国の有休消化率（2013）1位【ブラジル】100％【フランス】100％　3位【スペイン】87％　4位【オランダ】84％　5位【インド】75％　最下位【日本】39％《参考》エクスペディア有給休暇・国際比較調査2013）。

当時はヨーロッパの人たちのライフスタイルを知らなかったため、本当に疑問で仕方なかった。後でわかったのだが、ドイツをはじめ、ヨーロッパの国々の人の多くは、1年に最低でも1ヵ月間の休暇が取れるのが普通らしい。残業もほとんどしないとかで、日本の労働環境とはえらい違いだなと驚いた。

その後、別の宿で出逢ったこれまた別のドイツ人が言っていた言葉も印象に残っている。

「日本人は本当にすごいよ！　中米で出逢う日本人旅行者はみんな1年とかの期間で世界一周しているんだから！　うらやましいよ！　俺なんか1年に1ヵ月しか休めないからさ〜」

違うんです。誤解しています。僕らも毎年1ヵ月休みが取れるのなら、毎年のように世界各地を飛び回るという選択もあるんだ。でも、それができないから一大決心して、会社を辞めて、一気に巡っているのです。なんだろう……。この数十年さっぱり変わらない日本の働き方を、僕らの世代で変えていきたいと強く思った。

圧倒的なスケールで地平線の果てまで続く森林。その光景を魅せてくれた**ティカル遺跡**（グアテマラのペテン低地にあった古典期マヤの大都市。マヤ文明の政治、経済の中心都市として紀元4世紀から9世紀ごろにかけて繁栄を極めた。1979年に世界遺産の複合遺産に登録された）は、僕の世界旅行の中でもお気に入りの場所の一つになった。そんなティカル遺跡を見終えて、グアテマラ最後の夜に、オーストラリア人の夫婦と宿で出逢った。

彼らは世界各地のダイビングスポットを巡りながら旅をしているそうだ。旅を終えたらダイビングショップでも始めるのだろうか。

盛り上がっていると、話は次の行き先のことに。彼らはグアテマラシティ方面へ。そして、僕は彼らが来たベリーズの方へ向かう。すると、奥さんがハッと思い出したかのように、僕に一本のカギを差し出してきた。どうやら、グアテマラとベリーズの国境付近にサンイグナシオという街があり、そこのゲストハウスの部屋のカギを間違って持ってきてしまったのだという。これも何かの縁。僕はそのカギを預かった。次に泊まる宿はそこにすることに決めた。こういう出逢いも悪くない。

バスを乗り継いで、国境を越える。そこからはタクシー移動だ。目的の街であるサンイグナシオに到着する。どうやらベリーズの地方主要都市らしい。ここベリーズは、スペインではなくイギリスの植民地だったことから、英語が通じる国だった。カリブ海が有名なベリーズだが、サンイグナシオは山側だった。

そこにある安宿が、僕がカギを預かったゲストハウス。そのゲストハウスのドミトリーには僕の他に2人の白人がいた。一人は30代後半くらいだろうか。ニュージーランド出身だそうだ。仮に名前をトニーとしよう。もう一人は60代くらいに見えた。アメリカ人だ。彼はジョージとしよう。出逢って間もない僕らは、トニーの提案により、お互いのことをよく知らないまま、日が暮れる前に川遊びをすることになった。近くの川で太い樹《き》に縛られているロープを使い、僕らは何度も何度も川に飛び込んだ。3人とも泳ぎ疲れて、川原でゆっくり休む。素性も知らない人たちと純粋に楽しい時間を過ごす。これは、人生という時間の贅沢《ぜいたく》な使い方だ。

夜になって、3人でちゃんと自己紹介をした。トニーは投資家で、すでに十分な不労所得があり働く必要がないということで、気の向くままに世界を旅しているそうだ。ジョージの方は、まさかのアメリカの名門カリフォルニア大学バークレー校の大学教授だった。僕は驚いて、**「なんでここに泊まってるの!?」**と発した。今思えば、トニーもこんな1泊1000円しない安宿ではなく、もっといい宿に泊まれたはずだ。

ジョージは答えた。

「なんでって、そりゃぁ独りがつまらないからだよ。こういう場所ならいろんな人と出逢えるだろう? 僕は常に新しい出逢いを求めているんだ」

日本人も外国人も、ある程度の年齢を超えるとゲストハウスやホステルに泊まることを敬遠する人が多い。でも、きっと僕も何歳になっても、ジョージのように人との出逢いを求めて旅をするんだろうなって、そう思った。次の朝、ジョージは宿からいなくなっていた。

「ジョージはどこへ？」

宿のスタッフに尋ねると**「彼なら別の高級ホテルに今朝移動したわよ」**と。**（ジョオオオオオジィィィィッッ！！！）**。

失踪したジョージを残し、サンイグナシオの素晴らしくハードな洞窟探検アクティビティに参加し、その後はカリブ海に浮かぶキーカーカー島へ。本当に海が綺麗《きれい》で、吸い込まれるように海中に潜ることをただ繰り返していた。そんなベリーズ滞在もあっという間で、国内最大の都市ベリーズシティからローカルバスで北上して、メキシコを目指す。まずは国境を抜けて、そこから東側の観光都市カンクンだ。

チェ・ゲバラが輝く国、キューバ

——時代を超えてゲバラが愛される理由は何だろう?

カンクンに来た大きな目的の一つは、ここからキューバへ飛ぶことだった。ここカンクンで、キューバへの格安航空券が取れると聞いていたのだ。

「もし我々が空想家のようだと言われるならば、救い難い理想主義者と言われるならば、できもしないことを考えていると言われるならば、何千回でも答えよう。その通りだ、と」(チェ・ゲバラ)。

約10日間の滞在予定で、人生初の社会主義国家へ乗り込んだ。

世界2位の墜落実績を誇るというクバーナエアー。ちょっと怖かったけれど、死ぬ時は死ぬ。それもまた運命だという持論のもとに、見事に生き残った。ここでも飛行機が着陸した際には盛大な拍手が湧き起こった。もちろん、僕も今回は全力で両手を鳴らしていた。現在のキューバの親分的存在であり、1959年のキューバ革命のリーダー、フィデル・カストロもそのように考えているそうだ（死ぬ時は死ぬ論）。

キューバを巡る旅の目的は二つ。一つは、社会主義国家の暮らしぶりというのがどういうものなのかを肌で感じること。もう一つは、世界的に有名な誇り高き革命家、**チェ・ゲバラ**（アルゼンチン生まれのゲリラ指導者）に〝逢う〟こと。ミーハーだが、後者はなんとしても！という気持ちがあった。チェ・ゲバラはフィデル・カストロと共にキューバ革命を成功に導いた男である。

先天性の喘息《ぜんそく》がありながらも、長期間の過酷なゲリラ戦を戦い抜き、当時の圧政バチスタ軍に打ち勝ち、多くの人々に自由をもたらしたのだ。彼の生涯について、キューバ訪問前に本を読み予習した僕は、恥ずかしながらのにわかファンであることは間違いない。けれども、にわかであろうと自信を持ってファンはファンだ。

彼は革命後、キューバの改革に数年間取り組んだ後、自らが持つ地位や権威を手放して、昔から抱いていた理想世界の実現のために、再びゲリラへの道を歩んだ（そしてボリビアの山中にて戦死する。39歳という若さだった）。その生き様たるや、本当に見事なものだったという。変な話だが、チェ・ゲバラは輝いた姿のまま逝ったのだろう。何よりチェ・ゲバラはフィデル・カストロよりも人間味がある気がした。僕は本の中の彼しか知らないので偏っているだろうが、若い頃の彼は己の行動への葛藤も激しかったり、不倫もしたりと、どこか抜けているところがあり、人間らしさがある。そこがまた人気のある部分なのではないだろうか。

ハバナの街中で、よくチェ・ゲバラのマークを見かけた。最初は観光客向けなのかなと思っていたが、路地裏の民家や地方の田舎町にも彼のマークがそこら中に存在しているのを見て、キューバにおける彼の存在の大きさを強く感じた。きっと、今でも多くの人が彼を愛しているのだろう。

さて、キューバに到着して最初に驚いたのは、噂では聞いていたものの、本当に博物館のように、そこら中を旧車が走っているということだ。ハバナ旧市街は世界遺産にも入っている通りで、街並みが本当に美しい。観光客に迫りくる多くの偽葉巻営業マンや、ボッタクリ屋がいなければ、なおいいのになぁ。

ハバナで毎日のようにハプニングがあったり新しい経験をさせてもらったりしながら、僕は宿で出逢ったベルギー人のイケメン青年と共に、チェ・ゲバラが眠る街、サンタクララへと向かった。

サンタクララの現地の人が通うCAFE&BARを訪れる。夜にはライブミュージックイベントがあるとのこと。勢いよくサルサを踊ろうと思って会場の中に飛び込む僕ら。しかし、明らかにそこにはサルサのサの字も存在していなかった。会場にはエレキギター、エレキベース、ドラムセット、そして激しくシャウトして唄うボーカル。てっきりサルサだと思っていたら、完全にロックでした。しかもメタルロック中心。キューバ人の若者が２００人ぐらいいる中で、観光客は僕らを入れても５、６人しかいなかった。

そんな僕らを見つけたキューバの若者が近づいてきて、嬉《うれ》しそうに叫んだ。**「みんなキューバはサルサだけだと思っているけれどな、違うんだ!!　キューバでは今、メタルが熱いんだ!!」**。

ちなみに彼らが最後に唄っていたのはジョン・レノンの『Imagine』だったのだから、感慨深い。

「亡命したい」国立大学の大学生

――もしも国民全員の給料が一律だったなら、どうしますか？

僕がキューバに滞在したのは、ほんの11日間。たったの11日間。それだけで、キューバという日本とは大きく異なる国をどれだけつかめたかはわからない。そんな短期間で、わかったふりしてその国のことを語ってはいけないのかもしれない。でも、初めての社会主義国家であるキューバ。単純に社会システムの違いがオモシロそうだと興味本位で臨んだのだが、本当に多くの違いを感じることができた。

中でも驚いたのは、みんな給与にほぼ差がないこと。医者も弁護士も清掃のオジサンも、それぞれ月給数十ドルという話。どんなに頑張ってもそこまで給与は変わらない。これではよほどの志がない限り、怠惰になるのが人間の性でしょう。

ソ連が崩壊してから、同じ社会主義国家としてソ連からサポートを受けていたキューバは一気に厳しい状況となった。そこから、サトウキビと葉巻だったキューバの主要産業は、観光業に手を染めていくことになる。観光客の受け入れを始めてからは、かなりの年月が経った。しかし、それから街の治安は悪くなった。キューバ人同士での犯罪ではなく、観光客狙いの犯罪が起き始めた。殺人は聞いたことがないが、強盗や詐欺などはよくあるそうだ。

ハバナの旧市街には、多くの警察官が配置されている。しかし、その目的は観光客の保護ではないらしい。いや、結果としては同じなのだが、目的は『キューバ国民が特別収入を得ることを防ぐこと』だと聞いた。1ヵ月まともに働いて数十ドルの給与。それが観光客のカバンをひったくれば、一瞬にして年収分ほどの現金が手に入ってしまうのだから。そりゃ犯罪は増えてしまう。

たとえば、18歳の青年が観光客を騙《だま》して50ドルを手に入れたとする。そうすると、1ヵ月間必死に働いた父親よりもいい稼ぎを手にしてしまうのだ。それを危惧して、政府は警察官を大量に配備しているそうだ（もちろん、観光客保護という目的もあるかと思うが）。実際に、観光客と一緒に話しているだけで、キューバ人自身が職務質問を受けたりする。僕と仲良くなったキューバ人からも**「観光客とはあまり近くで歩**

けないんだ」と言われて、少し離れて歩いたりもした。

キューバの国立大学へ訪問した際に、何人かの大学生と話をした。その中の一人が、周囲の人には聞こえないような小さな声で言った。

「私はキューバが大好き。なぜなら、ここには私の家族も親戚も友達もみんないるから。母国が好きなことは当たり前でしょう？　……でも、やっぱり私は亡命することを考えてしまうの。私もあなたみたいに世界を旅したい。もっとオシャレな服を着たい。もっといい生活をしたいの。だから、今は先にアメリカに亡命した彼氏とキューバを出る計画をしているの。私だけじゃなくて、多くのキューバの大学生が同じことを思っているわ」

驚いた。

キューバは教育や医療などには本当に注力しており、国民はすべて無料で享受することができるといった一面もあるのだが。優秀な人材こそが、資源の乏しいキューバの未来を切り開いていくのにもっとも重要な要素のはずが、その人材になるべき国立大学の学生から『亡命を検討している』という言葉を聞いた。この国の未来はどうなってしまうのだろう？

たとえば、遺伝子工学などの分野でキューバはとても進んでいると聞いたが、優秀な研究者も他国に亡命することがよくあるらしい。海外では年収1000万円超えを約束してくれるのに、国内では年収数万円。これでは、亡命するなという方が難しい。スポーツ選手も数多く亡命をしている。

実際に、アメリカ政府はキューバ人亡命者の受け入れに寛大なようだ（これには単純にアメリカが親切だからとは言い切れない、いろいろな思惑があるようだが）。特にアメリカのマイアミには亡命したキューバ人のコミュニティがあるらしく、亡命した人たちは、みんなそこを目指すとのこと。途上国には、家族の誰かが先進国に出稼ぎへ行って、祖国の家族に仕送りをするという構図がよくあるが、それがキューバにも存在し、そうして一部の家庭はいい暮らしを送れているのも事実。

国が貧しく、みんなが貧しいから起こってしまう流れなのだろうか？　優秀な人材ほど、外に出てしまうのは一見とても痛いことなのかもしれない。しかし、生まれ育った母国にいずれ戻るという気持ちはあるようだったので、それならば逆に海外留学だと思って快く送り出してあげればいいのか？

まぁ、そんな単純で簡単なことではないのだろう。その答えがすぐには出てこない

僕は、まだまだ勉強不足だ。

「キューバは、生きるのは簡単だぜ」

――貧しさと豊かさは、幸せをはかる基準となるのか？

この国は、旅行者目線ではあるが国全体が貧しく思えた。地方都市にある陸上トラック横にある施設の窓ガラスは、半分ぐらい割れたままだった。その街で唯一の10階建ての高さを誇るホテルもとても古くなっていて、窓も閉まらなかったり、エレベーターも壊れていたり。街中にあったバスケットコートは3面もあるのに、すべてのリングが壊れていた。これではバスケはできない。国民がスポーツする場所ぐらい補修したらいいのに……と、それほどまでにこの国は貧しかった。

物資もあまりなく、スーパーや小売店に行っても限られた商品がちょこっと並んでいるようなお店がほとんど。ストリートフード（キューバのおすすめストリートフードはピザだ。あとは、1杯1円から飲めるエスプレッソが絶品）のお店のメニューも1品だけだったりと日本では考えられない。とにかく、きれい好きで細かいことにこだわる日本人が移住したら、日々不満がドンドン出てくる、正直そんな生活環境だった。

けれども、とあるキューバ人が言っていた。**「キューバは、生きるのは簡単なんだぜ」**と。

この国の人はみんな、等しく貧しい。その代わりに、極めて貧乏な人はいない。ニューヨークにいたような、道端で寝ているホームレスを見た記憶が僕にはない。みんなが等しく富を分けあっているから、最低限の生活ができる。そんな国だ。

4円でコーヒーを飲めたり、ソフトクリームを食べられたりする。弁当も40円で食べられる。ピザも20円。現地人プライスはとにかく安い。聞いた話では、本当に貧しい人のために、4円で食べられる公共食堂もあるとのこと。だから、贅沢をしなければ食べていける。そういった意味で、彼はこう言ったのだろう。**「キューバは生きるのは簡単だぜ」**と。

医療や教育も無料なため、貯金をする必要がないとのこと。住宅も家族でずっと世襲のように住んでいればお金はかからない。そして何より、働いても、働いても、給与はたいして変わらない。こういった状況下では、『幸せ』を感じる選択肢で『お金』以外の大切なモノが浮かんでくる気がしますが、いかがでしょう？

日本人は老後の不安、子どもの養育費・教育費、住宅ローン……そういった不安のために貯金をする。資本主義の国は、やはり貧富の格差が生まれて、貧しい人はホームレスとなり物乞いとなる。何事も完璧はないんだなと。

もしキューバが資源大国で大金持ちであれば、もっと自由化が進み、彼らの求める理想郷に辿り着けるのかもしれない……。けれど、ソ連がそうではなかったように、実際にはとても難しいことなのだろう。キューバにはこれからも頑張ってほしいと素直に思う。社会主義国家。中国やら北朝鮮やらに対して、僕ら日本人が持っているイメージとは、キューバのイメージはちょっと違う。

この国にはいろいろと不足しているものがあるが、それらを克服することができれば、世界でもっとも豊かな国の一つになれるのでは？と思ったりさえもする。もしかしたら僕にとっては不足しているように見える『それら』は、本当は不要なものなのかもしれない。

かつてないほどに考えさせられたキューバよ、ありがとう。ゲバラの言葉で、

Hasta la victoria siemple!!

クリスマスの夜の物乞い

――『日本人である』という絶対的な豊かさを知っていますか？

キューバを後にして、メキシコのカンクンへ戻る。そこから長距離バスで首都メキシコシティに向かうか飛行機にするか迷ったが、さすがに時間がめちゃかかるのと、航空券もそんなに値段が変わらないことから飛行機を選ぶ。

メキシコシティに到着する。まず思ったのが予想以上に寒い。それもそのはずで、ここは標高2000m以上に位置しているのだ。中南米は常夏だと勘違いしていた僕は、防寒具をあまり持っていなかった。ちなみにメキシコシティだけではなく、南米にも標高が高いところに位置する都市が複数あるため、防寒対策を忘れると痛い日に遭うことをお忘れなく……（まぁ、基本は現地調達なので、セーターなどを購入すれば大丈夫）。

メキシコでもっとも美しい街並みと呼ばれるグアナファト（豊かな銀山に恵まれ、スペイン植民地時代の美しいコロニアル建築で有名。歴史的な市街地と近辺の銀山はユネスコ世界遺産に登録されている）。クリスマス前の時期に一人で街をぶらぶらしていた。見かけたのは、路上でアコーディオンを演奏する一人の少年だった。道行く観光客や現地人は何も言わずに通り過ぎていく。僕は世界旅行をしている中で、ただの物乞いには1円もあげないと決めていた。でも、何かパフォーマンスをしてくれる人には、ちょっとでも還すことにしていた（記憶に残った世界のパフォーマンスベスト5　1位　空き缶を並べて、ドラムセットのように演奏していたフィリピン人。2位　鉄道内で伝統曲を唄ってくれたインド人。3位　ラスベガスのホームレス。たぶんアメリカ人。4位　ヨーロッパの観光名所に多くいるパントマイムのパフォーマーたち。5位　最高の笑顔で話しかけてくれたインド人の女の子には現金ではなく物を渡した）。

その少年も、ちゃんとアコーディオンを練習し、披露していた。そして、すぐ近くには妹と思われる少女がいた。少年が演奏をし、少女が『おひねり』を受け取るという役割分担。その時は僕も次の予定があったので急ぎ足で駆け抜けてしまったのだが、夜22時ぐらいにビールでも呑もうかなと思って街を歩いていた時にも、彼らは場所を変えて演奏をしていた。

胸が苦しくなった。まだ小中学生ぐらいの子どもがクリスマスの時期に働いている。しかも、朝から晩まで。普通なら家で家族とワイワイ晩ごはんを食べたり、テレビを観ている時間だ。彼らの親はどうしているのだろう？　そもそも親はいないのか？　学校には行っているのか？　日本では見ることのない光景に、いろんな疑問が頭の中を飛び交う。日本人であることの豊かさをこういうカタチで気づく時に、言葉にできない気持ちになる。

道端に座って、少しの間、夜のグアナファトの街に響く彼らの演奏に聴き入る。僕の中にいろんなモヤモヤはあるけれども、素直に一日中華麗なアコーディオンの音色を届けてくれる彼らに感謝の意を表したくなり、僕はビールを呑んだと思って、少女におひねりを渡した。少女は満面の笑みを浮かべ、少年のところへ向かった。少年も笑顔を浮かべていた。すべての子どもたちが働く必要がなく、学校で学べる社会の実現はできるのだろうか？　いや、そもそもこの発想自体が僕らの押しつけなのか？　そんなことを考えたグアナファトの夜だった。

ここから再びメキシコシティに戻り、海外初のクリスマスと年越しを迎えた。メキシコはキリスト教徒が多い国なので、クリスマスは盛大に祝われていた。年越しの瞬間は、メキシコ人も総出で**「ハッピーニューイヤー!! Yeah !!」**となり、花火が打ち上げられた。年明けには回転寿司（おもしろかったネタはバナナ巻き寿司）を食べにいったが、なかなか悪くないクオリティ。3週間ほどメキシコシティを中心に過ごした後、アメリカのヒューストン経由で南米へと向かった。いよいよ、地球の真裏側にある南米へと踏み出すのだ。

第四章

南米

世にも珍しい黄色いコーラ

——コカ・コーラが最強じゃない国を知っていますか？

ヒューストンからのフライトで、南米最初の国、ペルーの首都リマに降り立つ。ペルー、ボリビア、チリ、アルゼンチン、ブラジル。ブラジル以外はスペイン語の国だ（ブラジルのみポルトガル語）。リマでは世界最高峰の噴水ショーを観にいったり、怪しい激安キャバクラを体験してみたりと盛りだくさんだ。

さっそく小さな子どもが話しかけてきた。

「コンニチハ」

（おお！　日本語じゃないか！）。嬉しくなる。でも、この子はどうして日本語を話せているんだろう？　アニメでも観ているのかな？（『NARUTO』『BLEACH』『ONE PIECE』が世界中で人気。少し前だと『るろうに剣心』『鋼の錬金術師』『ドラゴンボール』『セーラームーン』などが人気あり。その他だと『ドラえもん』『クレヨンしんちゃん』『名探偵コナン』がアジアの一部の国で絶大な人気を誇る)。
疑問に思っていると、その子のお父さんが現れた。

「コンニチハ。ワタシノナマエハ〇〇デス」

お父さんもカタコトの日本語を話すではないか。テンションが急上昇し、勢いよく日本語で話しかけてみたが、あれ？　通じない。

どうやら、彼は日系4世で、一緒にいる子どもは5世とのこと。(に、につけい……)。なんだか聞いたことのある響きだったが、正直よくわからない。日系なんちゃらという響きは、サッカー漫画『キャプテン翼』の翼くんの恩師であるロベルト本郷の紹介のところに出てきたぐらいしか、僕のダメな脳《のう》味《み》噌《そ》には情報がなかった。

その後、日本人の子孫がペルーに相当数いることを知り、南米に数百万人という日系の方々がいることを知った。興味を持ったため、さっそく首都リマにある日系移民博物館を訪れた。そこには、100年以上前に新天地を求めて南米にやってきた日本人の歴史が記されていた。

(どうして僕はこんなにも日系移民について無知なのだろうか？)

ここから僕自身は日系人について興味を持ち始めたのだった。

カウチサーフィンで知り合ったペルー人と観光地の脇道を歩き、小さな売店でインカコーラを買った。これは世にも珍しいコーラで、なんと液体の色が黄色なのだ。そして、ペルーではコカ・コーラやペプシよりも人気で、消費シェアが高いというのだから驚きだ。コカ・コーラがどこへ行っても最強だと思っていたのだが、世界には思わぬ伏兵がいたものだ。一緒にいたペルー人に

「インカコーラすごいじゃないか！」

と興奮しながら語ると、予想もしない一言が返ってきた。

「まあね。でも、コカ・コーラ社がインカコーラと資本提携したからね。もはやコカ・コーラの別ブランドみたいなもんさ」

（こ、これが資本主義か……！）。

コカ・コーラ社より強い国内ブランドだったインカコーラをコカ・コーラが資金力で提携しちゃうわけだ。ちなみに、コカ・コーラ社はインカコーラのペルー以外での世界展開の権限を持っているそうだ。しかし、実質インカコーラをコカ・コーラ並みに売り込んでいる様子は他国では見たことがない。……つまり、ペルー以外でのイン

カコーラブランドを殺したとも言えるのかもしれない（ぜひ、事業責任者に話を聞いてみたいものだ）。

首都リマから、片道25時間という長距離バスに乗り込む。目的地はマチュピチュの拠点となるクスコ。南米移動は、ほぼほぼバスだ。ブラジルのリオデジャネイロまで一切フライトを使う予定はない。驚いたことに南米のバスが実に快適なのだ。ペルーの長距離バスもゆったりで、背中のシートの厚みも申し分ない。しかも、ちゃんと乗車中に食事が出てくるから驚いた。飛行機みたいなサービスが提供されている。

そして、極めつけはビンゴだった。突然、バス会社のお姉さんが立ち上がって、ビンゴゲームのアナウンスを始めるのだった。ビンゴカードが僕らに配られ、どうやらビンゴで勝つと、帰りのバスチケットが無料でもらえるそうだ**（なんて豪華な！）**。

しかし、僕はというと片道切符でリマに戻る予定がないから、景品自体には興味があまりなかった。……そもそも、ビンゴゲームでさっぱり勝てなかったけれど。

ハードルを上げすぎた天空の城

――本当に憧れている場所は、ガイドブックを見たらダメ？

バスがクスコに到着する。クスコの標高は３６００ｍほどだ。もはや富士山頂と大差ない。どうりで酸素が薄い。ちょっと歩くだけでも息がゼーハーなる。高山病にならないことだけを祈っていた。

さあ、いよいよここクスコからマチュピチュへ。夢にまで見た世界屈指の世界遺産だ。インカ帝国が残した天空の城には不思議な魔力がある。人生で一度は行ってみたいと思わせられていたし、実際に一度は行くべきだと思う。

宿で知り合った何人かの旅人と共に向かうことにする。遺跡近くにある通称マチュピチュ村に宿泊し、絶景を見るために早起きをした。そうして、実際の自分の目で初めて見た、天空の城マチュピチュ。

……どうしてなのか、そこまで僕の鼓動を高めることができなかった。あんなにも憧れていた世界遺産なのに、どうしてなのだろうか……。疑問に思えて仕方なかった。考えているうちに一つの結論に辿り着いた。きっと、写真や映像で見すぎていたんだ。日本で目にする写真や映像は、一番のベストコンディションの天候時に一流カメラマンが撮影するのだから、素晴らしく見栄えがいいのが当たり前だ。だからこそ、事前に見ていたイメージに勝てなかったんだ。

あんなにも楽しみにしていたマチュピチュで心が躍らないなんて悔しすぎる……。それ以来、僕は行きたいと思っている場所の写真や映像を極力見ないように心がけるようになった。日本のガイドブックは写真中心で観光地が紹介されているのだが、欧米人に人気のガイドブックは文字が多く、写真はあまりない。文字だけを読み、そこから自分の中でのイメージを膨らませていった。どんな場所なのだろう？　そこには何が待っているのだろう？と。

マチュピチュの次に向かうのは、巨大湖チチカカ湖（アンデス山中のペルー南部とボリビア西部にまたがる淡水湖。汽船などが航行可能な湖として、世界で一番高い場所にあると言われる。

数少ない古代湖でもある）だ。プーノという街まで移動し、そこから船に乗り換える。僕はチチカカ湖に浮かぶ島で1泊するというショートツアーに申し込んだ。そこは、植物の葦でできた島。その島がどうやって浮いているのか、秘密を教えてもらった。

そのチチカカ湖から、南米最貧国と呼ばれるボリビアの首都ラパスへ。ラパスもまた標高3600m級の高さに位置している。ラパスには、これまで訪れてきた国の首都とは違う空気を感じていた。だいたい、世界のどこへ行っても都市部は欧米化している。洋服を身にまとう人たちが多い。和服よりも洋服を好む僕ら日本人のように。ところがラパスの都市部には、未だに伝統的な衣装をまとう女性たちが多く歩いていた。

ラパス滞在中には、友人の紹介で知り合ったボリビア人女性のパメラと親しくさせてもらった。**「友人とホームパーティをやるから遊びにおいで」**と言われ、首都ラパスの高級住宅街を訪れる。その友人宅の玄関のドアを開けた次の瞬間、番犬が僕の太ももにバッチリと噛みついてきた。人生で初めて犬に噛まれるのがボリビアだとは……。

そんなことを言っている場合ではない。ここは南米だ。犬に噛まれたなら一大事だ。

狂犬病感染のおそれがあるからだ。しかし、ジーンズの上から噛まれたので破けてもいないし、特には問題ないようだ。少し痛いぐらい。念のため、医師の指導で注射を受けた。

その後、ラパスでは世にも珍しい『人力ボウリング場』を経験したり、絶叫アトラクションである『デスロード』（長さ約80㎞の、断崖に取り付けられた山岳道路。年平均209回の事故が起こり96人が死亡している。米州開発銀行は、1995年に『世界でもっとも危険な道路』と呼称している）に参加して死にかけたりした。自転車で、ありえない崖の上のコースを下っていくのだが、デスロードは本当にオススメできない。特に負けず嫌いの人は、冗談抜きに命を落としかねないのでやめておくべきだ。

日系の町『コロニアサンファン』

——地球の裏側に自分たちの町をゼロからつくる想像ができますか？

ラパスを堪能した後、僕はボリビア第二の都市サンタクルスへと向かっていた。サンタクルスへ来た目的はただ一つ。ここから1時間程度で訪れることができる日系人の町に行くことだった。

日本人の移民は、戦前と戦後に大きく分けることができる。ペルー、ブラジルなどの移民は『戦前移民』と呼ばれ、1900年初頭に移住した人たちだ。ボリビアに移民をした人たちは『戦後移民』と呼ばれ、1945年以降に移民をした人たち。ここサンタクルスの近くには二つの町があるという。『コロニアオキナワ（沖縄からの移住者が中心）』『コロニアサンファン（九州からの移住者が中心）』。いったいそこにはどんな人たちがいて、どんな生活があるのだろうか。

まずは、コロニアオキナワ。乗り合いバスを2回乗り継いで、約2時間ほどで到着した。入り口にはゲートのようなものがあり、そこには大きく、**「めんそーれ オキナワ」**と書いてあった。我が目を疑いつつも、ここが本当に日本人の移住地なのかとソワソワ。大通りでとりあえず乗り合いバスから降ろされた。

どこがどこだか地図もないので戸惑う自分。まずは、噂に聞いている『オキナワボリビア歴史資料館』なるものを探すことに。近くにいるボリビア人に**「どこ?」**と尋ねると**「あっち」**と教えてくれる。どうやら紛れもなくコロニアオキナワのようだ。

(しかし、日系人の影はどこに……?)

思っていた矢先、向かい側から歩いてきた女子4人組。その4人組の容姿は、まさしく日本人そのものじゃないか……! 日本語で声を掛けると、**「こんにちは」**と返してくれた。そう、やはりここは日本人移住地なのだ。女の子たちは丁寧に移住歴史館の道を案内してくれたのだが、悲劇的なことに土日は休館日だった。仕方がないので外観だけ見学をして、町をぶらぶら歩く。

そろそろお昼なので、日本食レストランがないかと村の人に尋ねてみると、1軒レストランがあるという。行ってみると、メニューにはとんかつ、しょうが焼き定食、焼きそばなどのおなじみのメンバーが並んでいるではないか。日本にいた頃、お昼はしょうが焼きをよく食べていたので、懐かしくなって注文！　20ボリビアーノ（約240円）だった。味は美味しい！　味噌汁も完璧に日本の味！　間違いない！　ここは日本！　本棚に置いてある2年前ぐらいの週刊少年ジャンプを読みつつ、完食。

しかし、話で聞いていたよりも日本人（日系人）の姿はそんなに見かけない。ボリビア人の方が多い印象がある。小さなお店でアイスを買って、店主らしきおばあさんと話し込んだ。どうやらおばあさんは日系1世（日本からの直接の移住者）のようで、50年以上前に沖縄から移住してきたとのこと。いろいろと話を聞いた。今はもう300人ぐらいしか日系人は住んでいないこと。コロニアサンフアンの方が規模が大きいこと。サンフアンには700～800人ぐらい住んでいるそうだ。おばあさんのススメもあり、僕はコロニアサンフアンに向かうことにした。

サンフアン行きの乗り合いバスで、日本人らしき人と乗り合わせた。声を掛けると、青年海外協力隊（独立行政法人国際協力機構（JICA）が実施する海外ボランティア派遣制度）で来ている、僕と同い年ぐらいの隊員さんだった。彼にサンフアンに安宿があるかと尋ねると、**「ボリビア人がやっている安宿はあるけど、たぶん営業していない。だから永澤（仮名）さん宅に泊まったらいいよ。きっと面倒みてくれる」**と。ツッコミどころとしては、営業していない安宿である。この不景気の時代に営業をしていないとは、いったい何を考えているのだろうか。

結局、他に選択肢がなく、永澤さんの家にお世話になることになった。**（さすがに突然すぎるので怒られるかな？）**と思いつつ訪問すると、一家のお母さんが現れて、ふたつ返事でオッケーを出してくれた。どうやら旅行者が来るといつも面倒を見てくれるようだ。本当にありがたい限り……。その懐広すぎる対応に感激しつつ、お母さんからもいろいろな話を聞いた。

永澤家のお母さんは約50年前に第16次移民として、ボリビアの地にやってきたそうだ。当時の日本は戦後間もない頃で、日本で一旗あげるよりも、海外の土地に出向いて一旗あげることの方が夢を感じることができたとのこと。永澤家のお母さんの両親も、一旗あげようとボリビアへ移住を決めて、娘である彼女も強制的に移住となったそうだ。

「出発前の両親の会話で、『ジャングルを切り拓《ひら》いて〜』っていう会話が頻繁に聞こえてきて、これから自分はどこへ行くんだろう？って、当時小学1年生なりに不安だったのよ」と。

僕ならビビって震えるかも……。

当時、日本から南米へ向かう船は西回りと東回りの二つのルートがあった。東回りは約1ヵ月で南米へ到着するルートで、西回りは約2ヵ月。永澤さんたちは西回りルートだったそうだ。かなり波瀾万丈な船旅だったと。もう、僕の世界旅行なんてこの話に比べたら楽勝モノだなと思わずにはいられなかった。

見知らぬ土地を切り拓いて、集落をつくり、農地をつくり、現地のボリビア人と協力しながら暮らしをつくる。間違いなく困難極まりない。簡単なことではない。水害、病害、多くの苦難があったそうだ。しかし、それらを乗り越えて、50年以上かけて地球の裏側に自分たちの町をつくったのだ。とんでもないことだと思う。

当たり前のようにみんな日本語を使い、NHKを見て、インターネットで日本のことを知り、日本食を食べていた。滞在3日目。僕は**（ここ、南米だっけ？　なんだか**

日本の実家みたい）と錯覚を起こすほどだった。でも、息子さんの**「明日、アマゾンに魚釣りに行ってくるよ」**という発言で正気に戻る。娘さんや息子さんたちは、もちろん日本語に加えてスペイン語もペラペラだった。ここは地球の裏側だった。

最後の夜、お世話になった永澤家の娘さんと語り合った。彼女はもう成人していて、立派な大人だ。僕は思い切って質問してみた。

僕「自分が日本人なのか、ボリビア人なのか、どっちかと言えば、どっちだと思う？」

娘さん「どちらかと言えばボリビア人かな」

彼女は答えた。日本には少しだけ行ったことがあるそうだが、生まれも育ちもボリビアな彼女はそう答えた。今考えると、僕の質問自体も趣味が悪かった。彼女は『寄り』なだけであって、やはり日本人でもあるのだと思う。

疑問に感じることは、どうして僕は日本で生まれ育って二十数年間、日系人の人たちと交流する機会がなかったのだろう？　どうして彼らのことを知らなかったのだろう？ということ。彼らは海外に飛び出た日本人の子孫だ。その彼らが日本人ともっと交流できたり、日本で暮らしやすい環境をつくることは、日本人が今後よりいっそう海外に出やすくなる土壌をつくることにも繋がるはずだ。約70年前、戦後まもない時代に、まさに先駆者たちがジャングルを切り拓いて定住した土地。ボリビアといえばウユニ塩湖ばかりが有名になっているわけだが、ウユニ塩湖以上に、コロニアオキナワやコロニアサンフアンをぜひ訪れてほしい。

チリで知った日本と中国の将来の差

――中国はチリに無償で中国語教師を派遣。さて、どうなる?

再びサンタクルスに戻り、そこから目指すは世界一の絶景と名高いウユニ塩湖(アンデスに広がる塩の大地。標高3660m、南北100km、東西250kmの世界最大の塩湖)だ。ウユニ塩湖は、普段は塩の結晶が広がる真っ白な大地だが、雨季の時期だけは深さ数センチの巨大な水たまりが出来上がり、広大な青空を完璧に反射し、この世のものとは思えないような絶景で僕らを魅了する。視界の360度が空になるのだ。僕もウユニ塩湖を3日間堪能した後、ボリビアを離れ、チリへと向かった。

ボリビアとチリの国境地帯となるアタカマ高原。ここは、ウユニ塩湖に負けず劣らずの大絶景地帯だ。そもそも、ボリビアからチリ国境へと向かう途中の道が、完全に道なき道をゆく状態。道路らしい道路はそこにないのに、野性の勘のように進路を定めて進むドライバーに惚《ほ》れそうになった。標高5000m地帯という人生未経験ゾーンだが、なぜかそこには天然温泉の露天風呂があり、多くの旅行者が疲れを癒していた。ちなみに、その露天風呂の更衣室のような建物には日本の名前が入っていた。日本のODA（政府開発援助）によって建てられたものだった。

チリは、南北に非常に細長い。北部から南部へとひたすら長距離バスで走り続ける間に、砂漠・荒野・海辺・都市と様々な表情を見ることができた。もっと南下していけばパタゴニアがあるため、氷河も見ることができたかもしれない。

この国で興味深かったのは、中国政府が進める中国語教師派遣の話。中国政府がチリ政府に**「無償で100人の中国語講師を派遣したい」**と提案してきたそうだ。無償ならばとチリ政府も受け入れて、高校や大学に中国語の講座を新設する。新たな経済大国である中国の言語は、アジアの裏側である南米チリの学生だって興味はあるはず。結果、徐々にでも中国語を学び、中国語を話せる若者が増えるのだ。そうすることでどうなるのか？

将来的に、中国企業がチリに進出してきた時に中国語を理解できるチリ人を採用できる。これが、中国の中長期的な投資活動なのだとしたら、もう本当に『賢い』としか言いようがない。それに比べて、アニメやマンガブームのおかげで世界中で日本語を学び始める外国人が増えているのに、特に目立った施策もないまま、ほとんど放置プレイをしているという日本政府との差。中国の方が一枚も二枚も上手《うわて》ではないか……。日本が海外で中国や韓国に勝てない状況の断片を垣間見た気がした。

そのまま僕の足はチリからアルゼンチンへ抜けていく。国境のアンデス山脈は本当に見事としか言えない山岳絶景であった。首都ブエノスアイレスではその都市の発展ぶりと旅行者を狙う通称『ケチャップ強盗』の華麗なる手口を垣間見つつ、世界一牛肉が美味しく食べられるという評判に納得して、日々牛肉を頬張っていた。（ケチャップに限らず、何かしらの液体を衣類・カバンに突然かけてくる。すると誰かが「ごめんなさい！　大丈夫？　今拭くから！　ほらっ、こっちに座って座って！」……などというやり取りをし、うっかり気を許して荷物を置くと、背後から荷物を奪って逃げていく役割の人が現れる。追いかけようとしても、しっかりとあなたの行く道を邪魔する通行人という役割の人もいる。つまり、グループ犯

行なのだ）

ブエノスアイレスに滞在した後、世界三大瀑布（アルゼンチンとブラジルにまたがる『イグアスの滝』、ジンバブエとザンビアにまたがる『ヴィクトリアの滝』、アメリカとカナダにまたがる『ナイアガラの滝』の三つの滝を指す）であるイグアスの滝へと向かった。イグアスの滝を眺める箇所は二つあり、一つはアルゼンチン国境側、もう一つはブラジル国境側にある。イグアスの滝で国境を分けているのである。僕はアルゼンチンサイドの小さな町にあるブラジル領事館でビザを取得し、ボートでイグアスの滝に突っ込む！という壮大なズブ濡れアクティビティに参加した後、ブラジルへと入っていった。

日本以上の学歴社会、サンパウロ

――あなたが『人』を判断する基準は何ですか？

『サッカー王国ブラジル』というイメージが自分の中には強かったのだが、思っていたより道端でサッカーをしている人たちを見かけることは少なかった。ちょっとだけ残念。ブラジル最大の都市サンパウロ（ブラジル国内で人口最大の都市。南半球の経済の中心地だが首都ではない。首都は、ブラジリア）に到着。

わかってはいたが、スペイン語があんまり通じない。ここまでの旅路で中南米に5ヵ月近く滞在したため、僕のスペイン語もそれなりの領域に入っていた。旅行には一切困らないし、数字も0から1万ぐらいまでは数えられたと思う。ローカルバスの隣の席に座った現地の人と30分ギリギリのコミュニケーションができる程度にはなっていた。だがしかし、それもここブラジルでは通じない。ここはポルトガル領だった国だからだ。こんなことを言ってはならないのだが、心底思ったのは（おい、スペイン艦隊さん！　なんとか頑張ってブラジルも領土にしていれば南米はほぼスペイン語だったんだから、もうちょい頑張ってくれてもよかったんじゃないの！）という心の叫びである。なんという不毛な叫び。

サンパウロに到着して驚いたのは、その物価の高さだった。想像以上に物価が高い。アルゼンチンも少し高いなぁと思っていたが、ブラジルは段違いだ。地下鉄は初乗りが150円程度。もはや日本と大差ないレベル。しかし、給与が物価上昇に追いついていない人が多いようで、貧富の差が広がっていた。オモシロかったのは、サンパウロには屋外広告がほとんどなかったこと。最初は気づかなかったのだが、大型看板がほとんどない。過剰広告で街の景観が乱れるという理由で、サンパウロ市長の独断で屋外広告を制限する条例ができたらしい。

サンパウロでも、やはりカウチサーフィンに大いにお世話になった。ブラジルの広告業界で働く人たちと仲良くなり、サンパウロの夜景が見えるバーに連れていってもらった。Googleやメイベリンなどの世界的大企業で働くブラジル人のみなさまと、あーだーこーだ夜な夜な語るのだが、みんな人種的にはバラバラだ。中華系の人もいれば、白人系の人もいるし、アラブ系の人もいる。その時誰かが言っていた言葉が頭に残っている。**「いいかい？　ブラジル人かどうかを判断するのは見た目じゃ無理なんだ。見た目じゃなくて、そいつがポルトガル語を話せるかどうかなんだ」**。なるほど、と思う気持ちと同時に**「そんなら、ポルトガル人と間違うんじゃないの？」**とか野暮なことはもちろん訊かない。

でも、本当にそれぐらいブラジル人は人種が混ざり合っている。ニューヨークは人種のるつぼやら、サラダボウルだとか言われているけれども、ニューヨークなんかは居住地区が人種によって大きく分かれていたりと、あまり全人種が仲良くしているようには思えなかった。しかし、ここブラジルは見た目では誰がブラジル人か判断できないぐらいの移民国家であり、ゆえにそういった人種的差別を感じることはなかった。それに、１００年以上前から住む日系人の方々の努力があるからか、日本人に対してはリスペクトを感じるほどだったのも驚いた。

違和感を強く抱いたのは、マックスと出逢って間もない頃にした話だ。知り合ってすぐ、お互いの自己紹介を簡単にした後に彼は訊いてきた。

マックス「君はなんて名前の大学を卒業しているんだい？」

僕「ん？　大学？　いやー、たぶん言ってもわからないと思うけれど、中央大学ってところだよ」

マックス「ほう。そこは日本ではそこそこいい大学なのかい？」

僕「んー、そうだな。悪くはないと思うけれど……。でも、トップレベルとは言い切れないかなぁ」

マックス「なるほど、いい大学なんだな！　大学院は出ているのかい？」

僕「いや、普通の学部卒だよ」

こんな会話が僕らの自己紹介の序盤に繰り広げられた。旅中、ここまで踏み込んで学歴的な自己紹介をしたことがなかった。どうして彼はこんなに僕の学歴を気にしたんだろう？　訊くと、ブラジルは経済格差が大きくあるため、人種的差別は他国に比べれば少ないものの、経済格差による差別が根強くあるそうだ。それは住んでいるエリアや、最終学歴、そして勤務先などでわかりやすく判断できるのであろう。逆にいうと、見た目ではわからないがゆえに、彼が僕に訊いてきたことは信頼できる人間を見つけるためには当たり前なのかもしれない。

そういえば、中米のどこかでも名刺にわざわざ『大学院卒』と記載している人がいた。格差が大きい国ほど、学歴で人を判断せざるを得なくなっていくのかもしれない。

そう考えると、日本は本当に恵まれていると感じた。

メイド・イン・ジャパンを世界のどこにも見かけない理由

――いま、日本に足りていないものは何か知っていますか？

サンパウロ滞在は、マックスにお世話になりまくる日々。**「ブラジルのスラム街、通称ファベーラ**（ブラジルにおいてスラムや貧民街を指す言葉）**を見学してみたい」**と言うと快諾。車で迎えに来てくれた。スラム街の入り口へ車を走らせていく。ブラジルのスラム街については怖い噂話しか聞いていなかったので、車を降りてビクビクしながら歩む。

しかし、思った以上に普通だった。子どもたちも道端で遊んでいるし、活気もある**（なんだ……普通の町じゃないか）**。マックスはファベーラの家の住人に挨拶し、**「日本から来ている友人が現地の人の家を見学したいらしいんだけれど、いいかな？」**と訊いてくれた。驚くことに冷蔵庫やテレビがちゃんと存在している……！　ここ、スラムじゃなかったの……？

ブラジルはオリンピックが数年後に迫っているため、政府が貧困層の生活改善を積極的に支援しているとのことだった。大通り付近のファベーラを一周し、マックスに**「このもうちょっと先まで行ってみようよ？」**と尋ねると、**「いや、ここから先は俺も無理だ。絶対にやめた方がいい」**と。現地人が言うのだから間違いない。僕が訪れたファベーラは導入部分でしかなかったようだ。

撤収後、マックスの自宅に招待された。さっきまでいたスラム街とはえらい違いで衝撃を受ける。東京の沿岸部にあるタワーマンションのようなところに彼は住んでいた。もちろん、駐車場にプールやジムも完備だ。彼の暮らしとファベーラを対比すると、ブラジルという国が少し見えてきた気がした。

彼は外資系の広告会社で働いていて、しょっちゅう海外に行くようで、いつか日本への出張が入ることが非常に楽しみだと言っていた。一番の楽しみは日本のスーパーマーケットで買い物をすることだと。マックスに京都とか、広島とか、日本には魅力的な観光スポットがあることを伝えてみたが効果なし。彼は興奮して話してくれた。

「日本のスーパーマーケットには、イケてる商品がたくさん置いてあるんだろう？　そして、それは世界のどこにも売られていなくて、日本にしかないんだから、広告業界で働く身としてはぜひ一度訪れたい！」

……ほう、そうきたか。なるほどたしかに日本の製品は世界に比べて高品質なものが多い。そして、他国ではほぼ販売されていないため、日本に行かないと買えないのは事実だ。ただ、この話はマックスが日本の製品に『憧れているから行きたい！』という話では、残念ながら、ない。

欧米メーカーの製品は、世界中で買うことができる。DoveやPANTENEはどこにでも売られている。洗剤もアイスクリームやスナックもそう。海外のスーパーマーケットに並ぶありとあらゆる商品が欧米メーカー中心であり、日本製品はほぼないという現実があった。日清食品や東洋水産のカップヌードル、味の素、キッコーマン醬油《しょうゆ》あたりは中南米でも奮闘していたが、それ以外は見かけることはなかった。

何を言いたいかというと、単純に悔しいんだ。品質の高さや付加価値を認められつつも、結局日本以外では流行っていないし、そもそも店頭で売られていない。まだまだ日本製品を海外に売り込む『ヒト』が足りていないのだと痛感した。この悔しさは、後にドイツで開かれたビジネスイベントでも感じることになる。

3日で十分な街に、僕が数週間滞在した意味

――観光地を巡るだけで、世界を巡ったと言えるだろうか？

サンパウロには、世界最大級の日系人コミュニティがある。リベルダージと呼ばれる地区はかつて『日系人街』と呼ばれていたのだが、最近では中国人と韓国人が多く移住し、『東洋人街』と通称が変わったそうだ。

そのリベルダージを中心にサンパウロおよびその郊外には100万人を超える日系人が住んでいるという。彼らの多くは日本語を使うことはできないが、それでも日本の文化を何かしら知っている人が多い。サンパウロでは牛丼チェーンのすき家が積極展開を開始していた。

これはうまい戦略だと思う。日本食文化に馴染《なじ》みのある日系人の方々をまずはメイ

ンターゲットにしながら、徐々にそれ以外のブラジル人にも味に慣れてもらうのだ。営業許可などの法律的課題はまったくわからないが、もしかすると『日本食レストランの進出しやすい国ナンバーワン』なのではないだろうか⁉　飲食店経営をしている方がいれば、ぜひ海外展開の際にはサンパウロを検討していただきたい。

そんなこんなで、サンパウロ滞在をしている最中だった。あの日、3月11日が訪れた。東日本大震災。僕は宮城県出身だ。大地震の発生を知った時には本当に平常心ではいられなかった。

それから数日間はパソコンにかじりつきながら、家族や友人の安否確認をしたり、日本の状況を追っていた。幸運なことに、僕の家族は奇跡的に無事だった。祖母の家が壊れてしまっていたけれども、無事に生きているのだから、それだけでありがたいと思った。この世界一周の旅で、初めて日本への帰国を考えたが、家族と話し合い、僕は旅を続けることに決めた。僕の背中を押してくれた家族に今では深く感謝している。そして、その恩返しではないけれど、必ず自分のやり方で、これからの日本に貢献していくんだと強く誓った。

僕は、ブラジル滞在の大半をサンパウロで過ごしていた。一般の旅行者からすると、ここは3日も滞在すれば後は何もやることがないようだが、僕は違った。サンパウロこそ、世界を舞台に働くオモシロイ人たちに出逢える場だったのだから。毎日のように新しい人と出逢い、オフィスも訪問させてもらった。そのたびにしわくちゃなワイシャツやジャケットを頑張って、それっぽく見せようとしたものだった。

その後はリオデジャネイロを訪れ、カーニバル（だいたい2月から3月初めの土曜日から火曜日までの4日間）に参加しつつ、グアテマラで仲良くなったブラジル人のロドルフォとも再会した。彼の家にもお世話になり、ロドルフォの彼女と共に幸せな時間を過ごした。約半年間滞在をしていた中南米ともいよいよお別れだ。アマゾンの奥地や氷河地帯、南極には行けなかった。

どこの国を訪れた時も、どうしても行けなかった場所がある。そのたびに名残惜しい気持ちを持ちつつ、いつかまた来るだろう、その時のために取っておこうと自分を納得させてから、いつも次の場所へと向かうことにしていた。さあ、いよいよ次の大陸だ。

第五章

アフリカ

サハラ砂漠の星空の下での誕生日

——砂漠で誕生日を迎えたことはありますか？

ブラジルのリオデジャネイロから、大西洋の反対側、アフリカ大陸へ。まずは、北アフリカであるモロッコを目指すことにしていた。理由はただ一つ、26歳になる誕生日、その瞬間をサハラ砂漠で過ごすと決めていたから。

ブラジルからモロッコへの直行便は見当たらなかったため、ポルトガルを経由することになった。首都リスボンやシントラを散策し、ポルトガルの街並みにエネルギーを分けてもらった僕は、いよいよ目的地であるモロッコへと移動する。

……が、これがビックリで、リスボン空港で案内された飛行機が、ジェット機ではなく、プロペラ機。そして客席が十数席しかないような超小型。セスナ機以外でこんな飛行機に乗ったのは初めてだ。しかも、普通の客が僕しかいない。後は航空会社のスタッフのようだった。超アウェイな空気のなか、飛び立つ。想像以上に短いフライト時間で、僕はモロッコの首都カサブランカへと降り立った。ポルトガルとモロッコは船でも行けるぐらいの距離にあるのだ。

モロッコの空港に降り立つと、まず最初に現れるのがアラビア語の洗礼だ。これまでは、発音はわからずともローマ字表記が一般的だった。しかし、アラビア語は違う…。何が書いてあるのか、そもそもまったくわからない。アフリカといっても、北アフリカはアラブのエリアだ。リビアやエジプトも同じ。黒人を見かけることはほとんどなく、アラブ人が多く住んでいる。宗教はイスラム教が基本だ。

首都には特に用事はなかったので、そのまま南下して魅惑の迷宮都市マラケシュ（ベルベル語で『神の国』を意味する。『南方座の真珠』と呼ばれてきた）へ。マラケシュは、これまで訪れたどの都市にもないエネルギーと魅力があふれていた。そして、本当に迷子になってしまうほど方向感覚を失わせる不思議な街のつくり。かつて、戦争が絶えない時代には迷宮要塞都市として拠点となっていたのだろう。買い物好きの女子にはたまらないほど可愛くてカラフルな雑貨も満ちあふれている。しかも安い。だがしかし、僕は男子だ。特に買い物はしなかったが、街をぶらぶら歩くだけでも楽しい時間だった。

マラケシュからサハラ砂漠に面する都市メルズーガ、そして砂漠ツアーの拠点となる小さな村、ハッシラビーへ。ツアー参加者は僕の他にイギリス人男性と日本人女性の3人。天候は最悪とも呼べる砂嵐だった。しかし、僕は誕生日を迎える瞬間をサハラ砂漠で過ごすという任務のため、延期している場合ではない**（そのためにここまできたのだから！）**。

強行突破で砂漠の中をキャンプ地まで向かう。

砂嵐がすごく、ラクダに乗っているのにラクダを盾にして歩きたいぐらいだった。途中で雨も降ってくるような天候にげんなりしていたが、ガイドのモロッコ人は、

「おい！　雨が降るなんて珍しいんだぞ！」

と誕生日の僕を励ますように叫ぶ。僕も、

「雨降る砂漠の方がレアだ！」

と元気を取り戻し始める。

キャンプ地に到着し、就寝。僕の誕生日である4月5日。その瞬間を迎える少し前に一人起き上がり、テントから出る。数時間前には厚い雲に覆われて曇っていた空も、

誕生日である僕を祝福してくれるかのように雲は消えて、星空を眺めることができた。絶景とは呼べなかったけれど、僕の中では大切な思い出として焼き付いている。そして、ラクダに乗って歩くのって、お尻の鍛錬が必要だったことを初めて身を以《もっ》て知った。とにかくお尻が痛かった……。

銃声で目覚めた、エジプト初夜

――それでも外務省が発表する真っ赤なエリアに行きますか？

モロッコでの目的を果たし、次の国であるエジプトへ向かう。しかし、2011年1月下旬にエジプト革命（2011年、チュニジアのジャスミン革命に触発されたとされる、国民が始めたホスニー・ムバラク大統領の退陣を求めるデモを発端とする政権の崩壊）が起きていて、情勢不安定だと聞いていた。**（本当にエジプトを訪問して大丈夫なのか？）**。外務省の渡航情報では渡航禁止とは言われていない。エジプトに詳しい何人かの人たちから**「もう安定しているから大丈夫だよー！」**と言われたので、首都カイロへ移動した。

カイロでは、日本に以前住んでいたというエジプト人オーナーが経営するホテルに宿泊。もう日が暮れた頃にホテルにチェックイン。その日は近所でホットドッグのようなものを食べて寝ることにした。ドミトリーで爆睡していると、大きな音が鳴り響く。全身が反応し、ベッドから飛び起きる。

まさかの銃声音。隣のベッドで寝ているエジプト人宿泊者に、

「ちょっと！　エジプトって安定してきたんじゃなかったの⁉　今、銃声音したけど、毎晩なのか⁉」

テンパリながら彼に訊くと、彼は眠そうな顔で、

「イエス。エブリナイト」

と言い放ち、再び眠りに入っていった。さすがに不安でいっぱいとなった。誤ったタイミングで来てしまったと……。

朝、ホテルのロビーで宿泊者やオーナーと話す。昨晩の銃声音について問いかける。革命が起こり、今でもデモ活動の拠点となっているタハリール広場。ホテルからは数百メートルの距離にあるのだが、そこでデモ隊と軍（警察？）の衝突があったらしく、2、3人が死んだそうだ。……全然、平穏ではないじゃないか。やっぱり、完全にエジプトに来るタイミングを間違った。エジプト訪問はもっと先延ばしにするべきだったと後悔し始めていた。

しかし、オーナーによると昨夜の銃声音は本当に久しぶりだったようで、毎晩こん

なことがあるというのは、寝ぼけていたドミトリーのエジプト人のギャグのようなものだと。オーナーはデモ隊の活動に対して批判的だった。エジプト革命により、当時の大統領の更迭に成功して、今は次の政府体制を整える時期なのに未だにデモを続けていると。こんなデモには意味がないと。観光立国でもあるエジプトはデモ隊が活動を長引かせるがゆえに、観光客が来なくなり、観光産業従事者は本当に虫の息だと豪語していた。

もう一人、同じ宿泊者の中に、日本人の男性がいた。ここで出逢ったのも縁だと思い、話しかけて行動を共にさせてもらうことにする。彼の年齢は30代前半だろうか。爽やかな顔立ちで、いわゆるイケメンだと思った。仕事は何をしているのか尋ねると、まさかの戦場カメラマンだった。**(やっぱりエジプトは戦時中扱いなのか!?)** と思ったが、彼の目的地はエジプトの隣国リビアだった。当時はカダフィ大佐との内戦（リビアにおいて2011年に起こった反政府デモを発端とする武装闘争。アラブ圏においては『2月17日革命』と呼ばれる）が酷いことになっていた時期だ。

彼は数日前に内戦状態のリビアからエジプトに戻ってきたところだという。戦場カメラマンなんて、めったに出逢えない。僕は無我夢中で彼の話に耳を傾けた。中東大手メディアのアルジャジーラ（アラビア語と英語でニュースなどを24時間放送している衛星テレビ局）がすごい理由を教えてもらったり、戦地まで赴くのにどういった準備をして、どれぐらいお金がかかるのか、興味は尽きなかった。そんな彼に一番気になる質問をしてみた。

「どうやって普段、仕事を探しているのか？」

と。彼は笑顔で答えてくれた。

「外務省の渡航情報ってページがあるでしょ？　あそこを見ていくと、渡航しちゃダメなエリアは真っ赤になっているんだ。そこに僕の行くべき場所があり、そこに僕の仕事があるんだよ」

僕らバックパッカーも、治安に不安がある国を訪問する際には渡航情報はチェックしている。真っ赤な場合は原則もちろん訪問しない。僕らのような素人が訪問して、もし拉致にでも遭遇したら世界中の人たちに大迷惑をかけてしまうかもしれないのだから。そもそも迷惑どころか、命が危うい場面に遭遇する確率も高いだろう。僕は絶対に真っ赤なエリアには行かないことを心がけていた。命を大切にして帰国することを決めていたから。しかし、戦場カメラマンの彼は違った。それが彼の仕事であり、生き様なのだ。彼が命懸けで撮った写真や映像が、メディアを通して日本にいる人たちに世界のリアルを伝えてくれているんだ。

エジプト革命とFacebookの影響

――Facebookは、本当に革命の火付け役だったのか？

首都カイロでは、観光はほとんどしなかった。定番のピラミッドを観にいったぐらい。ピラミッド帰りのタクシーでは、タクシードライバーのボッタクリトークに抵抗し、奇跡的に論破することができた。エジプト人タクシードライバーに言ってもらえた。

「おまえ、日本人なのにすごいな」

少しだけ誇らしかった。

さて、エジプトの革命の火付け役はFacebookだという話は日本でも有名だ。では、エジプトにおいてFacebookは、本当はどれほどの影響力を持っていたのだろうか？

結論から言えば、国民を動かすような影響力は持ち合わせていなかったと思う。正しく言えば、Facebookだけでは革命は起こらなかった、ということ。なぜかというと、そもそもエジプト人みんながちゃんと文章を読めるわけではないからだ。識字率（成人識字率（2011）は国全体で70・1％であるが、女性は61・5％に留まっている。都市部では79・1％、農村部では62％（2006）となっており、男女間格差、地域間格差が問題となっている。《参考》在エジプト日本国大使館）の問題。そして、自宅にインターネット環境を持っている人もそこまで多くないこと。では、国民の多くがスマートフォンを所持しているのかというと、町を歩く人たちのスマートフォン所持者はごく一部に限られていた印象だ。

それでは、そんな国で、Facebookがどう影響力を発揮したのだろうか？　僕がエジプト人に教えてもらったもっとも参加者の多いFacebookグループは、登録者が当時で110万人を超えるものだった。しかし、それでも人口8000万人を超えるエジプト国民のごく一部でしかない。最初のムバラク大統領の退任を迫ったデモの参加者は5万人で、その後に最大規模のデモは参加者100万人を超えたと報道されている。Facebookグループ参加者の110万人のほぼ全員が集まるのか？というと、政府の弾圧やFacebookなどSNSのアクセス規制もあり、そうではなかったようだ。では、どのように100万人を超えるデモが生まれたのか？

知り合ったエジプト人が僕に教えてくれた。Facebookで情報をやり取りしていた人たちが、デモ合流地に向かって声をあげて、ゆっくりと歩いていったそうだ。その声に多くの人が呼応し、いつの間にか5万人、そして100万人を超える流れを生み出していったそうだ。僕はエジプト人に尋ねた。

「じゃあ、革命時のFacebookの影響力は、どれほどのものだったの?」

彼は答えてくれた。

「Facebookは、情報交換やデモの時間や場所を決める大切なツールだったけれど、人々の行動に勝るものはないよ」

と。大切なのは、そういったサービス上で議論、意見交換、情報収集したモノをどう現実社会に反映していくのか。行動で示していくのかなんだと。

エジプトでは若者が実際にそれを行動に移し、革命へと繋がった。僕らは、このエジプトの事例に何か学ぶことがあるのではないだろうか(僕がエジプト人にヒアリングして出した個人的な考えであることを御了承ください)。

出産していないのに子どもが5人いるケニア人

――30歳、未婚。でもなぜ子どもがいる？

革命の熱が冷めやらないエジプトから、東アフリカの拠点となるケニアの首都ナイロビへ移動する。ナイロビでは日本から新婚旅行でアフリカに来たという、すさまじい行動力の友人夫妻と共にサファリを巡った。一生分、動物を見た気がする。キリンは遠くで見ると可愛いのだが、近くで見るとデカくて普通に怖かった……。

ナイロビでは、ジャングルジャンクションという名前の宿に泊まっていた。そこにはキャンピングカーでアフリカ大陸を横断・縦断するツワモノ旅行者たちが揃っていた。ヨーロピアン旅行者にキャンピングカーを見せてほしいと切望すると、快く見せてくれるというので駐車場へ。すると、そこには僕が想像をしていた光景とは異なる物体が…。キャンピングカーって日本で走っているようなものを想像していたのだが、違った。（装甲車だ、これは）。

彼は笑顔で言った。

「これなら夜中でも襲ってこないでしょ？（ニコッ）」

すごい。ヨーロピアンの冒険心に感服した。


ナイロビ滞在中はその他に、カウチサーフィンを利用して2軒のケニア人の家にお世話になった。一人目はケニア人女性ビーさんの家だ。ビーさんはクリスチャンであり、NPOなどの非営利活動を行っている。ナイロビの中心地ダウンタウンでビーさんと合流。そこからローカルバスを乗り継いで、家まで2時間ほどかかった。ビーさんの家はアフリカ最大級のスラム街であるキベラスラムの付近にあるとのこと。もしや、ビーさん宅はスラム街の中にあるのかと思ったが、到着すると立派な4、5階建てのアパートメントだった。

家の中に入ると、ビーさんの子どもたちが歓迎してくれた。一人ずつ自己紹介が始まる。**「●歳です」「●歳です」「●歳です」「●歳です」「18歳です」**。

（……えっ……子ども5人もいるの!?　ビーさんまだ30歳だよね!?　なのに18歳の子どもがいるんだけど……！！！　どうなってんの!?　ケニアって出産早いんですか!?）

子どもたちの自己紹介に混乱する僕を見て、ビーさんは教えてくれた。

彼女「私、まだ結婚していないわよ。それに出産も未経験よ」

僕「へ？」

彼女「みんな、養子なの。私が産んだわけではないけれども、立派な家族よ。親がいない子たちを自分の子のように愛情を注いで育てていくことって、自分で子どもを産んで育てるのと同じぐらい誇らしく、愛おしいことだと思わない？」

かつてない衝撃を受けた。彼女も決して裕福とはいえない生活の中で、子ども5人を養子として育てている。養子をもらうという選択肢を考えたこともなかった。世界には本当にいろんな人がいる。僕はビーさんを心から尊敬する。人間は、遺伝子によって性格や習慣が決まるのか？　そうではないはずだ。教育と環境。この二つが人を育て、その人の容姿以外のすべてを決めると僕は信じたい。

その日は一日、子どもたちと遊びはうけた。おもにかけっこだった。日本人のお客さんは珍しかったのだろう。アパートメント中の子どもたちが集まってきて僕と鬼ごっこをするという謎の展開を楽しんだ。別れ際、**「また来てね！」**の笑顔に、僕も笑顔で**「またいつかね！」**と返す。そのいつかは夢物語じゃなくて、きっとまた逢いに来るんだと静かに僕は心の中でつぶやいて、バスに乗り込んだ。

カウチサーフィン、初めての失敗

――もし仲良くなった友人に「お金をくれ」と言われたら？

再び、首都ナイロビの市街地へと向かう。ビーさん宅でお世話になった後、次のカウチサーフィンのホストを見つけた僕は、さっそく彼との待ち合わせの場所へ。そこは、ナイロビからローカルバスで1時間ほど揺られたところにあった。

ケニア人のブライアンとの待ち合わせ地点に着いたのだが、違和感を抱く。周囲には高層マンションもなければ、2階建て以上の建物が1軒しかないのだ……。だいたい、カウチサーフィンの利用者はインターネットリテラシー（インターネットサービスを正しく活用できる知識と経験）があること、そして最低限の英語を話せることが条件として求められる。そのため、これまでの旅の中でカウチサーフィンを利用した時には、途上国であっても、わりと中上流家庭で育った人たちと出逢うことが多かった。

……しかし、ここはケニア。フィリピンと同じくケニアも英語が公用語の国なのだ。

かつてイギリス領土だったため、イギリス英語を使いこなす人が多いという。そのため、カウチサーフィン利用者だからといって、ある程度しっかりとした人かどうかという保証はされない。

そんなことが脳内を駆け巡っているうちに、ブライアンが現れた。はじめましての挨拶を交わし、彼が**「さあ、僕の家に行こうか」**と案内をしてくれる。うっすらと期待していた1軒だけあった2階建ての建物の横を華麗に通りすぎて、スラム街一歩手前のようにさえ感じる、平屋の整備されていない住宅地を歩く。

歩くこと3～4分で彼の家に到着する。いくつかの家が『ロ』の字形に形成され、真ん中に中庭のようなものがある。そこに洗濯物を干しているようだった。家の中にお邪魔すると、裸電球が二つほど。小さなテレビが一つ。彼の友人もそこにはいた。どうやら彼はルームシェアをしているそうだ。

念のため、彼に訊いた。

「あの、インターネットって『Wi-Fi』とかあるんですかね……？」

即答で

「ない」

と言われた。

「どうやってカウチサーフィンにアクセスしていたの？」

と訊いてみる。

「近くのインターネットカフェからだ」

なるほど。

「シャワーは借りられる？」

僕の目の前に大きいバケツが差し出された。僕はタオルを濡らして、そのバケツの水で身体を拭いた（世界のシャワー事情だが、単純に3パターンに分けることができる。お湯が出るシャワー（先進国や富裕層中心）。お湯が出ない水のみのシャワー。そしてシャワーというよりは、バケツなどで身体を洗ったり拭いたりする方式だ。シャワーが出るといっても、各国で水圧の違いは大きい）。

とにかく、すごいところに来てしまったことは間違いない。しかし幸い、彼らとはいい友好関係を築けそうだ。僕は彼らと3日間を過ごした。彼らの住む地区には外国人は僕以外誰もいないようだった。黒人のみなさまの中で、とても目立つ自分。夜はローカルのクラブに連れていってもらったのだが、さすがに全員レゲエダンスだったのには焦った。本場です、ここ。

一緒に過ごす最後の3日目、もうすぐお別れというタイミングで彼は何かを言いたそうな表情をしていた。どうしたのか問うと、彼は口を開いた。

「お金をくれないか?」

衝撃だった。これまでカウチサーフィンを何十回も利用してきて、お金を請求されたのは初めてだったからだ。僕は彼に投げかけた。

「カウチサーフィンのポリシーじゃない。おかしい」(カウチサーフィンの利用には、基本ルールとして、宿泊は無償。お金が関わらないからこそ、純粋に人間関係を構築していけるのだ。一緒に食事に行く場合には、割り勘など臨機応変な対応が求められる)。

しかし、それでも彼はお金が必要なんだと僕に訴えかける。それなら、最初からそう言ってほしかった。僕がブライアンをホストとして決める前に言ってほしかった。

なんとも言えない感情がこみ上げてきたが、冷静に彼に問いかけた。

「わかった。もし、本当にどうしても君がお金を必要だというのならば、3日間もお

世話になったのだから僕は払おうと思う。でもね、それでは僕らは友達にはなれない。僕と君の関係はただのお客様と宿主になっちゃうんだ。それでもいいのかい？　もし、君がお金をいらないというのなら、僕らは友達になることができる。君はどっちを望むんだ？」

彼は答える。

「僕らは友達になれるし、お金ももらう！」

「ダメだよ。さようなら、ありがとう」

僕はそう言って、彼にお金を少し投げやりに渡し、バックパックを背負って急ぎ足でその場を去った。世の中、やっぱりそんなに簡単じゃない。所得も生活も平等ではない。頭ではわかっている。わかっているつもりなんだけれども、それでもなんだか納得いかない自分がいた。

薬が1錠単位で売られるスラム街

——生きていく上で大切なのは、環境か？　コミュニティか？

ケニアに滞在している間に、どうしても訪れたかった場所があった。それはアフリカ最大級のスラム街と言われるキベラスラムだった。しかし、外国人観光客が一人で訪れるのは危険極まりないと思っていたので、宿の男性スタッフに相談。すると、宿の勤務が休みの日にバイトということで、ガイド代を払ってキベラスラムを案内してくれることになった。

宿の前で待ち合わせし、そこからバスに乗ってキベラスラムへと向かう。ここには100万人以上とも言われる人たちが住んでいて、その大多数がいわゆる低所得者層の人たちだ（低所得者層＝年間所得3000ドル未満）。

彼らの住宅は主に木の枝と、泥（か、家畜の糞《ふん》）からできているようだった。屋根はトタンが中心だが、すでに長年使い古されているようでボロボロの屋根が目立つ。

そんなスラム街をガイドに連れられて練り歩く。路地に入ってみたりもしたが一人なら絶対に無理だ。

（スラム街の中にある売店では、どんなものが売られているのだろう？）。気になってしまい、ついつい小さな売店を見つけては突入していた。そこには黒人女性用のエクステや、数円単位で購入できる洗剤などが売られている。乾電池も1本単位、風邪薬なども1錠から購入できる。フィリピンや中南米でもそうだったが、途上国の経済的に貧しい人たちが住む地区は、世界中で同じように物が売られているんだなと世界の共通点を知った瞬間でもあった。

そしてここでも、洗剤も歯磨き粉も、だいたい欧米メーカーだった。パッケージの裏に書いてあるのは、ユニリーバやP&G、ネスレなど。ここに日本企業の名前が出てこないのが個人的にとても悔しかった。

売店だけではなく、路上でもいろんなものが売られていた。たとえば、石灰の塊である石灰石なども1個1円で売られていた。

「これ、何に使うの……？」

と素直な疑問をぶつけてみると、お店のおばちゃんからは衝撃的な返答が。

「えっ、食べるの？」

どうやら、妊婦さんが栄養バランスを考えて石灰を食べるらしい……。

宿のスタッフが言うには、ケニア政府もスラム街から住人たちを移住させたいようで、あの手この手を打っているそうだ。しかし、ここで生まれ育った彼らからしたら、故郷は離れたくないもの。何よりも、根強い地域コミュニティができているようだった。それゆえに、今さら新しい家を与えられるからといっても出ていきたくないという人は多いとか。実際、子どもたちはみんな、とても楽しそうにスラムの中で遊んでいたのだから複雑だ。

キベラスラムも堪能し、いよいよ隣国ウガンダへ向かうことに。

欧米人に人気の旅行ガイドブック『ロンリープラネット』の東アフリカ版を他の旅行者から授かり、それを参考にルートを組んだ。僕は、ケニア→ウガンダ→ルワンダ→ブルンジ→タンザニアと移動することにした。最後にタンザニアからケニアに戻ってきて、そこからヨーロッパのスイスへフライトだ。

正直、ブルンジという国名を初めて知ったのもこのガイドブックを開いた時だった。

しかも、超分厚いガイドブックなのに、ブルンジの説明が7ページぐらいしかなかった……。治安が悪く、あまり行くことをオススメしないという、そんな書き出しだった。

日本の起業家として、ウガンダのおじさんに試される

――旅先で、もし「ビジネスプランを提案してくれ」と言われたら？

さて、ナイロビから長距離バスを乗り継いでウガンダの首都カンパラ（ウガンダの首都。人口160万人。ウガンダ最大の都市。ほぼ赤道直下（北緯0度19分）に位置する）へ。ウガンダを走る車は日本の中古車が多かった。マイクロバスなども日本の中古のようで、黒人のみなさまがぎゅうぎゅう詰めで乗り込んだ車体には**「箱根温泉●●ホテル行き」**と書いてあるのだから、思わずニヤけてしまうじゃないか。

カンパラは賑やかで、路上マーケットが充実していた。夜になると、路上のお店が電気を灯している……と思いきや、その灯りはロウソクだった。倒れたら火事になっちゃうんじゃないか？という素朴なツッコミとは裏腹に、ロウソクが並んでいる街並

みは幻想的だった。

この街では、ルワンダ入国のビザを取るために大使館で申請を行う。数日待機しなくてはならないということで、念願のナイル川ラフティングを楽しんだ。世界一周の中でもスリル満点の絶叫アトラクションの一つだ。ガイドをしてくれた会社はこれまでに死者はゼロだと言い切っていたが、絶対あやしい。それぐらい激しいラフティングだったので、僕もライフジャケットを着用しているのに激流の中で溺れかけた。ウガンダに行く機会があれば（あるのか？）、ぜひとも訪れてほしい。

ナイル川下りを楽しんだ後、どうしても速い回線でネットを繋ぎたくなったので、いつも通りインターネット屋さんを探して回る。すぐに見つけて、回線を使わせてもらおうとするものの、店長が困った顔だ。どうしたのかと尋ねると、どうやら停電のため一切ネットも繋がらないし、パソコンが動かないとのことだった。

停電はインターネット屋さんにとっては死活問題だ。店長はため息をついて回復するのを待っている。停電はよくあるらしいが、数時間で復旧することもあれば、半日以上復旧しないこともあるとか。そんな店長とネットが使えなくてヒマな僕、なんでか話し込むことになる。

「僕は日本でビジネスをやっていたんだよ」

と店長に話すと、

「よし、それならどうやったら俺が金持ちになれるのか提案してくれたまえ」

と。それならば……ということで、ダメ元で店長に提案してみる。

「んー、そうですね、インターネット屋さんとしてではなく、スクールを開くのはどうかな？　店長のお店にはパソコンが10台ぐらいある。そのパソコンを使って夜間はプログラミングやWEBデザインのスクールを開いて受講生を集めるんだ。その受講生の月謝で、講師の謝礼を払いつつ、お店の利益の足しにする。そして、スクールを始めて数ヵ月経ったら、受講生もある程度のスキルを持っている状態になるだろう。そしたら、ウガンダ人は英語が得意だから、欧米企業に向けて営業メールを送りまくるんだ！　物価が安いウガンダだったら、インターネットで割に合う仕事をいくらでも引っ張ってこられると思うよ！　仕事が順調に軌道に乗ってきたら、受講生のみんなを巻き込んで会社化しちゃおう！　そうすることで、インターネット屋から脱却し、ウガンダ発のWEB受託開発企業としてはばたくのだ！」

即興でプレゼンしてみたら、彼は、それだぁぁ!!!という表情を見せてくれた。

その後どうなったのかは僕にはわからないが、もしまたウガンダに行く機会をつくることができたならば、首都カンパラのはずれにあるドレッドヘアーの店長に再び逢いにいって、儲かっている様子をぜひ拝みたいと妄想していたりする。

たった数年で、国は変わる

――ルワンダ＝虐殺のイメージを持っていませんか？

さて、無事にビザを取得し、いざルワンダへ。みなさんは『ホテル・ルワンダ』という映画を観たことがあるだろうか？　1994年にこの国で起こってしまった大虐殺を題材とした映画だ。たった100日間で80万人以上が殺された。それは、当時のルワンダ人口の20％だった。国民の5人に1人が殺されていく虐殺が、たった20年前に起こっていたのだ。虐殺なんてものは、教科書に出てきそうな昔の話だとばかり思っていたが、違った。おそるおそる、ルワンダへと入国する。

……しかし、これがビックリ。まず道路が綺麗に整備されているし、バイクタクシーがちゃんとヘルメットを着用しているし、お客である僕にもヘルメットを着用させる。隣のウガンダとは大違い……。ウガンダは基本ノーヘルでしたから……。

現地に長く住んでいる日本人の方にルワンダの現在について話を訊いた。ルワンダは現在、アフリカにおけるシンガポールを目指して躍進中だそうだ。金融とＩＴ、そして物流の拠点となる国を目指しているとのこと。

同じアフリカの国、ケニアで働いている現地の人が言っていた言葉を思い出す。

「俺はさ、地元で起業したいんだけど、俺が起業しようとするだろ？　そしたらまず、不動産会社と地主が賄賂を取りにくるんだ。その次に警察が賄賂をもらいにやってくる。そして政治家もやってくる……。そうして俺のお金はドンドンなくなっていくんだ」

嘘か真か、何かあると汚職を言い訳にする人が多い。あまりいいとは言えない状況だ。

しかしルワンダ政府は、あの虐殺後、汚職をはじめとする、『間違った行為』を減らすことに努めた。国連からも表彰されるほどだそうだ。するとどうだろう？　海外からの投資も集まりやすくなる。この国は、まさにこれからアフリカの星となるべく動いているのだ。多くの人がまだルワンダは危ない国だという印象を持っているようだが、少なくとも僕が訪れた時にはそんなふうには思わなかった。

僕らと同じ時代を生きた人の白骨

——目を閉じてはいけないものから、目を背けてはいませんか？

ルワンダには虐殺記念館・資料館というものがいくつかある。首都キガリにある施設（『Kigali Memorial Center』）にまずは訪れたのだが、そこには生々しい多くの被害者の言葉や、虐殺の経緯が残されていた。胸が苦しくて、それでもちゃんと最後まで観なくてはと時間をかけて見学をした。もう一つ、地方にあるムランビ虐殺記念館『Murambi Genocide Memorial Center』にも訪れた。ここは、キガリにあるものの何倍も荒々しかった。観光客も多くは訪れないこの建物。もともとは技術学校だったそうだ。虐殺が始まってすぐに多くの人がこの学校に逃げ込んで立てこもったそうだが、無残にも、ここで多くの人が命を落とした。

入り口で手続きを済ませて中に入る。学校だった時代の教室が並んでいる。なんてことはない普通の学校じゃないかと思いつつ、案内の人が最初の教室のドアを開ける。

……そこには、おびただしい数の白骨が並んでいた。その教室だけでなく他の教室にも、ただ白骨が並んでいる。この学校で殺された人たちのものだという。言葉が出なかった。言葉を失っていた。僕はこの旅で何度か白骨やミイラを見たことがある。ただ、それらはおおよそ数百年前のものだ。今、僕の目の前に並ぶ数えきれない白骨は、たった20年前、僕と同じ時代を生きていた人のものだった。

ムランビ技術学校の見学を終えて、とにかく呆然とした状態のままの僕がいた。外に出て、バイクタクシーが来るのを路上で佇《たたず》みながら待つ。すると、ルワンダの小さな子どもがサッカーボールを僕にパスしてきた。僕はその子に蹴り返す。蹴り返した時の感触で気づく。よく見るとそれは普通のサッカーボールではなかった。ダンボールか何かをビニール袋に入れて丸くし、最後にロープでぐるぐる巻いて固定した手作りサッカーボールだった。しばらく何人かの子どもたちとボールを蹴り合う。彼らの笑顔に、僕はいつしか元気を取り戻していた。虐殺から20年、この国は前に進んでいるんだなと、彼らの無邪気な笑顔に気づかされたのだった。

ルワンダの最終日には国立大学を訪れたり、観光庁のようなところで、どうやって世界的に貴重なマウンテンゴリラ観光産業を盛り上げるかを考えている方と食事をご一緒させてもらったりした（マウンテンゴリラは、約700頭しか生息していない絶滅危惧種だが、世界中の研究者や保護団体、地元の人々などの理解と努力によって、現在その数は増加しつつある）。短くも学びある日々を過ごし、次の国であるタンザニアへと向かう。

ブルンジの高校生が着ていた日本の体操服

――「恵まれない子どもたちに衣服を贈ろう」の真相はいかに？

タンザニアに抜けるためには、ルワンダの隣国ブルンジを通過しなければならない。欧米人御用達の旅行ガイドブックですら訪問をオススメされていない噂の国だ……。**（もしかすると、この世界一周旅行で一番危ない国に突入することになるのでは？）**。そんな不安を抱きつつも、気づけばバスは、ブルンジの首都ブジュンブラのターミナルへ到着した。

基本的に途上国では『いのちだいじに』（ドラクエの戦闘における、味方の回復を優先する作戦）モードのため、計画ではそのままバスを乗り継いで隣国タンザニアへと抜けようと思っていた。しかし、運命はイタズラすぎて、タンザニアに抜けるバスは２日後にしかないという……！　仕方がないのでバスを予約して、ターミナルで立ち尽くす。

辺りを見渡し、珍しいスーツ姿のブルンジ人に声を掛けた。すると予想的中で、彼は英語を話せるようで、市街地までの行き方を教えてくれた。ルワンダもブルンジもフランス語を話せる人は多いのだが、英語は高等教育を受けた限られた人たちしか話せない。ただ、経験上『スーツ姿』なら、みんなだいたい英語を話せる。ビジネスマンは英語ができる、これが世界では当たり前なのだ（ただし日本を除く）。

さて、そのブルンジ人、仕事は自動車の輸入販売らしく、日本車についても詳しかった。どれだけ日本の車が素晴らしいか熱く語ってくれたのだから、超がつくほどペーパードライバーな僕でも嬉しくなる。少し話して意気投合したため、彼が僕を市街地の安宿まで車で送ってくれるという。ラッキー！という気持ちと、大丈夫か!?という気持ちが交錯するが、なぜか自分の中に『この人は大丈夫だ』という安心感があって、お世話になった。今思うと、正直紙一重。悪い人である可能性だってゼロじゃない。彼は、無事に僕を宿に送り届けてくれ、名刺を交換した。その後、某日本車のパーツの輸入ができなくて困っていて、パーツ屋を知らないか？と相談されたことがある。こういうところから思わぬカタチでビジネスは生まれていくのかもしれない。

安宿にチェックインし、まだ明るかったので市街の中心地にある市場を散歩しにいくことにした。土地勘もない途上国を歩く時には、『手ぶら』『移動は日中』『移動は大通り』などを自分ルールとして大切にしている。特に治安に不安がある場合は常に360度に注意を払うように集中しているので、先進国を歩くよりも少しだけ疲れることが多い。手ぶらといっても、僕は右前ポケットに携帯電話。左前に小さなデジカメ。右後ろにはウォレットチェーン付きの財布。左後ろは予備スペース。だいたいこれが定番ポジショニング。必要最低限の装備は揃っているのだ。

宿から市場はそう遠くなく、徒歩5分ほどだった。日中ということもあり、多くの人で賑わっている。そこで、通りすがりのブルンジ人に思わず目を奪われた。瞬間、彼に声を掛けた。

「写真、撮ってもいいですか?」

彼はノリノリで**「オッケー」**と答えてくれた。彼が着ていた服が、日本の某高校のスポーツウェアだったのだ。左胸に「○○高校○○部」と書かれていて、遠いアフリカの大地にて、黒人さんがそんなものを着ているものだから、オモシロすぎて立ち止まってしまったのだ。

日本でもよくある、アフリカの恵まれない子どもたちに衣類を贈ろうというボランティア活動。ケニアやブルンジなどの東アフリカでは、日本から届いた衣類は貧しい人たちに届くのではなく、古着市場で普通に売られているという噂だった。なんとも考えさせられる噂話だ。真実はいかに……？

宿に戻り、久しぶりのシングルルーム。一人部屋だ。いや、物価が安く、バックパッカーが多くないアフリカでは、ドミトリーよりも一人部屋に泊まることが多かったかもしれない。さて……明日は何をしよう。実にノープランだ。欧米ガイドブックに書いてあった旅行者向けのビーチがあるらしいので、とりあえずそこに行ってみることにした。

わりと早起きをして、バスに乗ってビーチへ向かう。バスで隣席のブルンジの学生さんと話し込む。

「ブルンジは本当にヒドい状態なんだ。ヨーロッパから毎年支援金をもらっていたの

だけれども、それを偉い人たちが懐にしまうものだから国が豊かにならない……。それに呆れたヨーロッパ諸国がブルンジへの支援を昨年やめたんだ。そしたら、国民の税金が大幅に上がりやがった！　こんなことあるか!?　狂ってるよ……！」

たしかに、旅行者向けのビザ費用なども倍増した様子。首都ブジュンブラからルワンダやタンザニアへと向かう道にはいくつもの検問があり、警察官が配置されていた。もしかするとブルンジから亡命しようとしている人たちを阻止しているのかもしれない。キューバのような革命が起こるとしたら次はブルンジなのではないかと、そんなことを考えた。

噂の観光客向けビーチは、まさかの僕一人の貸し切り状態だった。なんという贅沢。少し経つと、高校生ぐらいの青年たちがやってきて、彼らがサーフィンみたいなことをしているのを眺めて楽しんでいた。ビーチ横の公園には、なぜかチンパンジーが飼われていて、その手のひらを見ては人間と似すぎていて驚いたものだ。

フィリピン留学の本をタンザニアの安宿で執筆

——旅をしながら、稼ぐ方法を知っていますか?

翌朝、バスターミナルに向かう。少し嫌な予感がする。バスの座席数よりも、あきらかに多い人数が待っているような……。しかし、座席を予約したのだから、座れないというわけはないはず。バスが到着し、乗客が荷物を詰め込み始める。しかし、その荷物の積み方が独特なので、僕は自力での荷物の積み方がわからず、乗車するのが一番最後となってしまった。

そこで、嫌な予感が的中。僕の席がない……!

「運転手さん、席がないですよ!」

声を荒らげると**「そこだ」**と示す場所は、バスの通路だ。**「いやいや、補助席があ**

るわけでもないし……）。

次の瞬間、運転手さんが僕にくれたのは、誰かの荷物が詰まったダンボール。**「ここに座れ」**ということで、僕は見知らぬ誰かのダンボールに座ることに。そこから約6時間かけて、隣国タンザニアへと向かう。

アフリカの大地の悪路を走るバスは、当然のように揺れ動きまくる。同時に僕のダンボールも揺れるものだから、ロデオマシンに乗っているような感覚だった。世界一周の旅の中でも1、2番目ぐらいにツラくて、お尻が痛くなった……。座席を予約しても必ずしも席が確保されているわけではないということを、文字通り身を以て学んだのだった（どこで活かされるかは決してわからない学びだが）。

タンザニアへと突入する。英語が通じる国のため、旅自体はやりやすい。国境を抜けた町キゴマに滞在。安宿へチェックインして、ひたすら執筆活動を進めた。なんのことか？と申しますと、当時、世界一周をしながら『フィリピン「超」格安英語留学』という本を執筆していたのです。その大部分をここで書いた。まさか誰もがフィリピン留学の本をタンザニアの安宿でゴリゴリ書いていたとは想像できまい。

執筆の目処がつくまでキゴマで数日間過ごす予定だったのだが、あいにく宿にはWi-Fiがないため、近くにあるインターネットカフェに通っていた。そのネットカフェに数台あるパソコンに挿さっているLANケーブルを引っこ抜いて、自分のノートパソコンに繋ぐ。最近のノートパソコンはLANケーブルを直接繋げないタイプが増えているが、世界旅行者はLAN対策はしておくべきだ。途上国だとWi-Fiはまだまだだがネットカフェは多くある。そのネットカフェのLANケーブルを直接自分のパソコンに接続するのが爆速だったりするのだ（……と、まぁ、余談です）。

その毎日通っていたネットカフェだが、ある日から突然店員さんが代わったようで、

「あれ？　いつものお姉さんは？」

と訊いてみる。

「何言ってんのよ！　あたしよ！」

（えっ!?　だって、いつものお姉さんはショートヘアーなのに、あなたはロングヘアーじゃないか。どういうこと？　えぇっ!?）

混乱するも、ふと冷静に我に返る。そう、ここはブラックアフリカ。黒人女性の多くの髪はエクステなのだ（世界のヘアーウィッグ・エクステ市場の８割以上が黒人市場）。ス

ラム街でも、街のスーパーマーケットでもエクステが大量に販売されている。安いものは100円ぐらいからある。それを髪に編みこんで、彼女たちはファッションを楽しんでいるのだ。髪型をサクッと変えられちゃうこの文化はオモシロイなと思った。

1週間弱滞在して、無事に執筆が終わった。順調にいけば、僕がこの後ヨーロッパにいる間に日本の書店に僕の処女作が並び始めるのだから、不思議な感覚だ。再びタンザニアを移動する。本当はタンザニア国内もいろいろと観にいきたいところだが、スイス行きの飛行機を予約しているので、ケニアに戻ってそれに間に合わせたい。急ぎ足でアフリカの大地を転々と駆け抜けた。

途中、バスが給油や休憩で停《と》まるたびに、子どもたちが食べ物や果物を両手に掲げて**「買ってくれないか？」**とアピールしてくる。バスの窓を棒でノックして**「いらないか？」**と語りかけてくる。世界のどこでも同じだ。いつも通り、僕ら旅行者はいらないと決め込む。バスがそんな彼らを置き去りにして走り始める。

袋いっぱいに詰め込まれたオレンジを持った青年が、バスに喰《く》らいつくように並走している。けっこうなスピードなのに彼はまだついてくる。精いっぱい腕を伸ばして走っていたが、バスがトップスピードになるとさすがに諦め、足を止めた。200mは走っていたんじゃないかと思う。世界広しといえど、中米でも南米でも、そこまで本気でバスを追いかけて売ろうとした人は見たことがなかった。

僕は、オレンジを買えばよかったと悔やんだ。日本では彼ぐらいの年齢なら、高校に通って勉強に励んでいたり、部活をしていたり、恋愛をしたり、遊んだり。オレンジを売らなくても何もせずとも、家に帰れば温かい食事が待っているんだ。

盗まれたのは、5カ国の思い出

――人を信じる難しさを経験したことはありますか?

東アフリカを巡る旅、タンザニアでの最終日の話。キリマンジャロを一望できる街からケニアへと向かう途中だった。ターミナルでバスの乗り換えがあったので、アフリカの大地を走るボロバスを一旦降りて、ケニア国境へと向かうバスを探して歩いていた時のことだった。

ふと気づくと、タンザニア人5、6人に囲まれていた。**「ヤメロ! ハナレロ!」**とすべての荷物を持っていた僕は声を荒らげる……が、気づけばカバンのファスナーが開けられていて、そこにあったはずのデジカメが失くなっていた。

(やられた……)。

言葉にできないほど、哀しさと悔しさがあふれた。ケニア、ウガンダ、ルワンダ、ブルンジ、そしてタンザニアと日々撮影してきた写真データを失ったからだ。無念にも、まだデータのバックアップ前だった。お金なんていくらでもくれてやる。でも、写真という思い出だけは取り戻せないモノだった（データのバックアップについてだが、文書データについてはファイル共有サービスのDropboxを愛用していた。しかし、写真だとバックアップに時間がかかるため、ポータブルHDDに写真データを保存し、圧縮したサイズが小さめの写真データをノートパソコンにも保存していた）。

犯人探しはもはや、時、すでに遅しだった。僕はもっとも大切な写真データを失った。約2年の世界旅行で、もっとも落ち込んだ瞬間だった。自分の不注意であったことは認めつつも、やっぱり許せない気持ちもあった。僕は一気にタンザニアを嫌いになりそうになっていた（他にも小さな理由がいくつかあって）。

ウダウダしていても仕方がないので、とにかく警察に行くことにした。警察署で盗難証明書を出してもらえれば、海外旅行保険でお金は戻ってくるからだ。最後に残ったタンザニアのお金を握って、警察署へ向かう。警察署は手慣れた対応で、**「また外国人がやられたか」**と言わんばかりの手際のいい対応をしてくれて、見事に訪問してから30分経たずに手続きは終わる。

失ったデジカメの代わりに僕が手に入れたのは盗難証明書1枚。正直、テンションは下がりきっていた。東アフリカの写真を失ったことの大きさよ。いつか色褪《あ》せていく記憶を維持し、あの瞬間を鮮明に思い出すための手がかりとなるのは写真のはずなのに、それらをすべて失ったのだから。

警察署を出た僕には、もう手持ちの現地通貨がなかった。ドルはあったが、その日のうちにケニアに突入する予定だったので、両替するのは無駄になる。バスターミナルから警察署まではタクシーで来たのだが、そこまで遠くはなくて歩ける距離だと認識していた。

ただ、バスターミナルの正確な位置を把握していなかったので、警察署脇にいたタンザニアの青年に話しかけた（タンザニアは旧イギリス領だった影響で、多くの人が英語コミュニケーション可能）。おそらく高校生ぐらいの彼に、バスターミナルでカメラを盗まれて、盗難証明書を取りに警察署に来たこと、もうお金がないからバスターミナルまで歩いて戻りたいことを伝えた。

すると彼は、

「こっちだよ！　ついておいでよ！」

と言った。

「いや、方向だけ教えてくれればいいんだ。申し訳ないけれど、ついてこないでほしい」

僕は敏感になっていたし、正直タンザニアでは嫌なことが多かったので、これ以上面倒なことに巻き込まれるのはごめんだと思っていた。だから当然、彼の行動を拒否した。

それでも彼は僕についてきた。おまけに彼の友人も一緒だった。つまり、二対一。万が一の時に僕の勝ち目は低い。

「10分歩けば着くよ！」

彼らは笑いながら僕についてきた。周囲に人がいるうちはきっと大丈夫だと、僕は結局彼らと歩き始めた。しかし、バスターミナルは15分経っても、20分経っても、現れやしない。むしろ、全然違う方向に歩いていっている気さえする。周囲の人の数もどんどん少なくなってきた。おまけにタンザニア青年は誰かと電話をし始めた。現地語のスワヒリ語なものだから、僕には内容はわからない。

「おい。10分と言っていたのに着かないじゃないか。嘘ついてるのか？」

と僕が声を荒らげると、彼らは答えた。

「ハハハッ！　日本人っていうのは時間に細かいんだね！（笑）」

さすがにこれはマズイ。本当にヤバイ。危険すぎる。このまま建物も何もない山奥の方に進んでいったら、彼らの仲間が現れてボコボコにされて身ぐるみ剝がされるのではないだろうか？　いや、彼らだけだとしても闘って勝ち目はない。この旅で痛恨のミスだ。なぜ彼らを警察署で振り切らなかったのだろうか……。**（さあ、どうやってここから逃げよう……）**。そんなことを本気で考えた。

僕は逃げるタイミングを見計らっていた。一刻も早く離れたかった。彼らはフレンドリーに話しかけてきてくれるし、肩を組むぐらいの距離感で接してくるのだが、僕は正直彼らの会話に集中できないし、できるだけ距離を取るように歩いた。いったい、どのタイミングで逃げようか……そればかりを考えていた。

そう考えていた時だった。目の前に突如目的地としていたバスターミナルが現れたんだ。正直、拍子抜けした。バスターミナル、あるじゃないかと。ちゃんと辿り着いてしまって逆に驚いてしまった僕が、どんな表情をしていたのかは憶えていない。ターミナルに到着した直後、青年が僕に話しかけた。

「ほら！　バスターミナル、ちゃんと着いたでしょ？　本当のところを言うと、僕もここまで来なくてもよかったんだけれど、君がタンザニアで大切なカメラを盗まれて、嫌な思いをして、それを本当に申し訳なく思ったんだ。きっと君はタンザニアを嫌いになるんじゃないかって。もう二度とタンザニアになんか来たくないと思ったかもしれない。でもね、タンザニア人のみんながみんな、悪いヤツらばかりじゃないんだって、僕はそれを伝えたかったんだ。だから、僕は君をここまで案内したかったんだ。タンザニアを嫌いにならないでほしいんだ。そして、もしよかったら、またタンザニアに遊びにおいでよ！　じゃあね、日本人！」

彼は、そう言って笑顔で去っていった。僕はその場で泣いた。涙があふれ出た。彼の親切心を終始疑っていた自分をとても恥ずかしく思った。そして同時に、人を信じることの難しさがこれほどなのかと学んだ。

ただ、間違いなく一つだけ言えることがある。彼らがいたから、僕は今でも、またタンザニアに行きたいと素直に思える。タンザニアを嫌いにならなかったのは、間違いなく彼らとの出逢いがあったからだ。

旅先の土地の印象というのは、結局はそこで出逢う人の印象そのものの影響が大きい。僕らは日本に来てくれた外国人旅行者に、タンザニアの彼らのように親身に接することができているだろうか？　僕も彼らのように外国人に接していきたい。そして、日本という国を好きになってもらいたいと、そう思う。タンザニアで僕はカメラと写真という大切なモノを失った。でも、その代わりにとても大切な経験を得たのだと思う。

第六章

ヨーロッパ

国境をまたいで、日用品の買い物をするスイス人

――『グローバル』という言葉は、あなたにとって特別ですか？

アフリカからヨーロッパのスイスへ。モロッコへ行く前にチラッとポルトガルに滞在したものの、いよいよここからがヨーロッパ本番となる。チューリッヒ空港に到着し、お腹が空いたのでお決まりのマクドナルドへ足を運ぶ。そこで衝撃！ 何が衝撃ってメニューではなく値段！ セットメニューが１０００円を余裕で超えている……。おいらの食事予算を軽々と超えている……。

ストリートフードとしてケバブが大衆食なのだが、それも８００円とかする。恐ろしく物価が高い。噂では聞いていたが、昨日までのケニアで10円単位の節約をしていた自分の行動は何だったのだろうか……？ （この節約の無駄さを実感するのは世界一

周旅行者ならではの『あるある』である）。
スイス人に言わせると、スイスでは外国人旅行者は安全だと。なぜなら強盗が外国人旅行者ではなく、スイス人を狙うからだと。現地の人の方がお金を持っているからだ。マクドナルドの時給も1800円とかだそうで、給与は日本の倍近く。昔は日本人バックパッカーがまずはスイスにやってきて、アルバイトでお金を稼いでから旅立っていったという話も聞いた。

日本人には決してない、スイス人にとっては当たり前の感覚に驚いたことがある。スイス人の友人は週末に国境付近まで行き、スイスに比べて物価の安いドイツで買い物をして戻ってくるという。ヨーロッパはそんなところまできていたのか……！　国境を無視して、普段づかいでグローバルに買い物をしているのだ。日本人は海を渡らないと外国へは行けないが、彼らは違う。スイスやベルギー、ルクセンブルクなど小さくて隣国に囲まれている国の場合、電車で寝過ごし、気づいたら隣国に突入していることも多々あるそうだ。

（そういう感覚で育ってきた彼らと日本人では、グローバルという言葉に対して抱く

ものは、やっぱり異なるのだろうなぁ）

スイスでもカウチサーフィンを使って、ホストファミリーの家にお世話になる。彼らの家族と共に食べたチーズフォンデュは忘れられない。スイスにも兵役があるらしく、少し前まではスイス領土に住宅を建築する時には必ず核シェルターを用意することが義務づけられていたなんて話には驚いた。永世中立国であるスイスは平和的国家だという先入観しかなかった。

レッドブルの本拠地で、初めてのオーケストラ

——レッドブルとオペラは好きですか？

スイスに1週間ほど滞在し、オーストリアへ向かう。まずはザルツブルクという地方都市。目的はただ一つ、それは世界的人気エナジードリンク『レッドブル』の本拠地を拝むためだった。20年以上前にオーストリア人が開発した、この新しいエナジードリンクは、なんと日本の大正製薬のリポビタンDから強い影響を受けたという。レッドブルの元祖はタイ（東南アジアで目にする瓶型のレッドブル）だが、世界中で定番となっているのはオーストリア発のレッドブルだ。

日本ではわりと高めの価格帯のレッドブルだが、海外でも通常の清涼飲料水より高い。経済的に貧しい国であっても、日本で売っている値段とさほど変わりない。つま

り、途上国においては富裕層中心にターゲティングしていることがわかる。たとえば、コカ・コーラは貧しい国では24円から購入できるようにと大衆に愛される工夫をしているが、レッドブルは一切なし。150円以上。世界中に広がるレッドブルは、ブラジルでも受け入れられていたし、社会主義国家のキューバでも販売され、ルワンダでも当たり前のように見かけることができた。そんなレッドブルの本拠地が気になってやってきたのだ。

各国のスーパーマーケットを趣味で渡り歩いてきたので、さっそくザルツブルクにある店にも飛び込んでみる。そこには、想像通りレッドブルがズラーッと並んで……いるかと思ったら、並んでいない!? 店には赤と青と銀色のレッドブルの姿はなく、代わりにフライングパワーという別のドリンクが山積みされていた。1本200円弱はするレッドブルに比べて、約30円という破格。**(これは安い……)**。そう思って目の前で眺めていたら、隣にオーストリア人のオバさんがやってきて、すごい勢いで買い物カゴにフライングパワーを放り込んでいった。僕も買って試飲してみたが、ほぼレッドブルの味。デザインもほぼパクリ。

さすがにおかしいと思い、何軒かハシゴ。すると、競合商品が無数に……。まさにエナジードリンク界は群雄割拠の戦国時代だったのだ。価格帯は約30円から300円ぐらいまで様々。大手スーパーのチェーンがプライベートブランドを発売するほど熾《し》烈《れつ》な競争が行われている。レッドブルもボトルタイプ、コーラ＋レッドブルなど日本では見かけない様々な商品をリリースしていた。元祖であるリポビタンDもアジアだけに留まらず欧米やアフリカ、中南米にも展開を頑張ってほしいところ……！

その後、首都ウィーン（人口は176万人。クラシック音楽が盛んで『音楽の都』『楽都』とも呼ばれる）に到着し、街を歩く。僕はウィーンには3日間しかいなかったのだが、たまたまその日がオーストリアの祝日だったようで、街はいつも以上に盛り上がりをみせていた。

ウィーンといえばオペラ！　柄にもなくオペラを観にいく。素晴らしいなぁと思わせてくれたのが、スタンディングシートがあることだ。いわゆる立ち見席なのだが、1000円もしない価格でオペラを観ることができる。こうして経済的に余裕がない人にも豊かな文化に触れるチャンスを提供してくれている。

オペラを見終わり、宿に戻ると、スタッフから衝撃的な言葉をもらった。

「シェーンブルン宮殿には行かないんですか？　今日はウィーンフィルハーモニーの野外フリーコンサートですよ」

（…………!!）

クラシックにうとい僕でも、さすがに名前を聞いたことがある世界屈指のオーケストラだ。

そんなチャンスがあるならば！　ということで、急ぎ足で宮殿前の広場に行くと、多くの人が集まっていた。開始時間が訪れ、静かに演奏が始まる。たまたま3日間滞在のウィーンで、人生初のオーケストラのコンサートがまさかのウィーンフィルハーモニー。なんだか申し訳ない気持ちだが、とにかく僕は全力で音を楽しませてもらった。隣にいた観光客たちも、ヨーロッパ中からこの日のためにやってきたそうだ。夕暮れ時に宮殿で聴くオーケストラ、本当に忘れられない世界一周の思い出となった。

日本人は『モノ』ではなく『ヒト』で負けている

――日本がグローバル化に後れをとっている理由は？

奇跡みたいな夜の翌日は、ビックリするぐらい普通の朝だった。いつもと同じ、出発の朝だ。移動が激しい時は毎日のように街から街へと移動する。オーストリアから北上してドイツへ。ドイツ南部の町パッサウでは、某大企業で働く日本人の方にお世話になった。美味しいバイエルンソーセージを食べた後、ミュンヘンに到着。ヨーロッパの鉄道の旅は本当に楽チン。数週間前までアフリカの大地を爆走するローカルバスに揺られていた自分がいたと思うと、なんだか不思議な気分だ。

ミュンヘンでもカウチサーフィン。ホストはミュンヘン大学に通うドイツ人3人組で、彼らの住むシェアハウスにお世話になった。驚いたことに3人のうちの2人はゲイのカップルだったが、何も違和感なく接することができた。フィリピンにもたくさんのゲイの方々がいたので慣れていたのだろう。彼らとお別れし、次もセバスチャンというミュンヘン大学の学生にお世話になることに。

「太陽光発電に関わる世界最大の企業イベントに見学に行くんだ！」と彼が言うので、**（なんだそれはオモシロそうだ！）**と僕の起業家センサーが反応し、ついていくことにした。こういう時に活躍するのがワイシャツとジャケットだ！　バックパックから勢いよく取り出すものの、シワクチャだ……。頑張ってシワを伸ばす自分。彼に連れられて、向かうは東京ビッグサイトを彷彿《ほうふつ》させるほどの大きな会場。

会場の中に入ると、まず驚いたのが視界に飛び込んでくる漢字の量だった。そう、中国・台湾の企業が数多く出展していたのだ。韓国語もそこには混ざり合い、彼らだけで全出展企業の半数近くを占めていたのではないだろうか。対して、日本企業は5、6社のみに留まっていた。中国企業群の熱量に圧倒された。

はっきり言って理系でもないし、再生可能エネルギー（太陽光、風力、波力・潮力、流水・潮汐、地熱、バイオマスなど）の『サ』の字もわかっていない僕は、キョロキョロと物珍しげに会場内を歩くのみ。そんな広い会場の中で、日本のとある中小企業が、僕には到底使い方も想像つかない大型の機械を展示していた。そして、その前にはイタリア人男性が。どうやら、通訳兼セールス担当みたいだ。話しかけてみると、彼は勢いよくしゃべり始めた。

「この機械は、正直世界の10年以上先をいっているすごい代物なんだ！　ただ、残念ながら日本企業以外の世界の人たちは誰も存在すら知らないんだ……。日本人は本当にもったいない。彼らは、いくらすごい製品をつくったとしても、自分たちで直接海外に売り込む能力がないのだから」

最初は日本製品をベタ褒めするところから始まったのだが、後半はとても悔しい気持ちになる話だった。しかし、彼が言った言葉は事実だ。どんなにいい商品も、自社でそれを海外に伝えていける人や仕組みがないと広がりにくい。

日本の中小パーツメーカーなどは自社で海外にモノを売り込む人材や仕組みがないため、商社などの代理店に依存することが多いという。しかし、商社を通しては、そもそもの価格競争力で不利になるし、商品本来の魅力も伝わりにくい。

昔はそれでよかったのかもしれない。しかし、時代は変わってきている。中国や台湾、韓国の中小企業は自社で欧米に直接出向いて売り込みにきている。下手な英語でも伝わればいい、というのが彼らのスタイル。でも、その姿勢もプラスに後押しされている。日本は、『モノ』ではなく『ヒト』で負けている。その事実をこのイベント会場で痛感した。

ヨーロッパで急速に普及している移動手段『ライドシェア』

──超！使える『ヒッチハイクの進化形』を知っていますか？

ミュンヘンからケルンへ。移動手段として、ドイツ人3人組に教えてもらった『ライドシェア』というサービスを使ってみることにした。ヨーロッパの高速鉄道は快適なのだが、やはり運賃がそれなりの値段……。少しでも節約したい貧乏旅行者には痛い出費だ。そこで教えてもらったのが、ヨーロッパで利用され始めている『ライドシェア』だ。どんなサービスか簡単に説明したい。

日本でたとえてみよう。東京から大阪へ自家用車でドライブしたいという運転手がいるとする。しかし、ガソリン代はかかるし、高速道路代もかかるし、一人ドライブはオモシロくないし……。そこで、空いている座席は同じ目的地に行きたい人どうぞ！ってことで、ドライブの楽しさも、コストもシェアしちゃおう！　シェアすることで走行台数も減らして、CO2削減にもなっちゃう！　そんな一石三鳥なサービスが『ライドシェア』だ。イメージで言うと、旅人の定番、ヒッチハイクの進化版。

これも、カウチサーフィン同様にWEBサービス。このサービスは西ヨーロッパ地域を中心に普及している。毎日1万人以上がこのサービスを活用していて、利用者はすでに数百万人を超えるとか。そんなわけで、僕も試しに使ってみることにした。パソコンに向かい、『ミュンヘンからケルン』『希望日程』で検索すると、かなりの募集数があった。さっそく携帯のメッセージで約10人のドライバーにコンタクトを取る。すると、そのうちの2人からまだ空席があると返事があった。先に返事をくれた人の車にすることに決定。本当に、あっという間に決まってしまった。

初めてのライドシェア。ドキドキしながら約束の時間に集合場所へ。ドライバーのクリス（仮名）が快く出迎えてくれた。僕の他にも同乗するドイツ人が2人いて、僕を入れて4人。そして、彼の愛車はBMW！　そう、僕らはBMWに乗って快適にケルンまで約5時間半のドライブを楽しんだ。

これでコストは30ユーロぽっきりで、鉄道の3割以下。長距離バスよりも安い。バスよりも快適でコストも控えめ。結局、僕はその後ライドシェアにハマり、ヨーロッパで何度かお世話になった（頻尿の僕は、バスと違ってトイレに行きたいタイミングで車を停めてくれる、というのは本当にありがたかった……）。

ちなみに余談だが、クリスはドイツ軍パイロットだった。当然、運転はバッチリ！

こういう出逢いも魅力だ。ただ、知らない人の車に乗るのだから、事前にドライバーのプロフィールなどをしっかりチェックするようにしよう。旅の基本は、知らない人についていかないこと、これ鉄則。

（ちょっとだけ）世界のラーメン事情

――「日本食で一番好きなものは？」と訊かれたら？

ケルン大聖堂を眺めつつ、隣町デュッセルドルフへと向かう。ここはヨーロッパ最大級の日本人居住地。街の人口の約1％、約5000人が住んでいる。ベルギー、オランダ、ルクセンブルク、フランスへのアクセスもよく、多くの日系企業の拠点となっているからだ。ここには僕が愛してやまない日本食居酒屋や日本食材スーパーがある。そして、なんといっても美味しいラーメン屋が2軒もある！　店名は『なにわ』と『匠』。4回ぐらい食べにいった。本当に美味しいラーメンに飢えていた……。

僕の一番好きな食べ物は『ラーメン』だ。旅に出て気づいた。僕が本当に食べたいものは、『ラーメン』だってこと。日本にいた時は、寿司！と答えていたのだが、寿司は海外でもちょくちょく食べられる。しかし、ラーメンはそうはいかない。世界各国でラーメン屋を見つけては果敢にトライしてきたが、一番コノヤローと思ったのはメキシコで食べたラーメン。3人で食べにいったのだが、最初に出てきた1杯はアツアツだったのに、その後に出てきた僕らの分はぬるかったのだ……。

(ぬるいラーメン。許し難き!)

……などというのは置いておいて(日本食がイマイチなのはよくあることだが、日本食に限らず、海外では鶏肉、豚肉、牛肉の順番で新鮮で美味しいと言われている。鶏肉であれば、その日に絞めて食べることができるからであろう。僻地《へきち》に行けば行くほど牛肉がイマイチになっていく)。

ヨーロッパには、ちょいちょい美味しいラーメン屋さんがあるが、そのほとんどが日本人経営。麺は北海道の某製麺所から輸入している。どこのお店に訊いても、すべてその製麺所だったのだから驚いた。ベルリンにある日本で修業したドイツ人経営のラーメン屋だけは、お店の地下室で自家製麺をつくっていた。水質の違いで美味しい麺はつくれないと言われているが、そこは間違いなく美味しかった。人間、やってやれないことはないのだと、まさか日本人ではなくドイツ人のラーメン屋で学ぶことになるとは。ちなみに日本以外でもっともラーメン屋があふれているのはタイの首都バンコクだ。だから、僕の中ではバンコクは住みたい都市ナンバーワンだ。

デュッセルドルフ滞在中には、デンマーク人のクリスチャンの家にお世話になった。ちなみにクリスチャンというのは彼の名前であって、キリスト教徒という意味ではない。彼が住んでいたのは大きなシェアハウスで、そこには学生から社会人まで10人近くの人が住んでいた。驚くほど多国籍。クリスチャンはデンマーク人だが、その他にフランス人、アイルランド人、ドイツ人、イギリス人、アメリカ人、南アフリカ人……と、めっちゃインターナショナルな雰囲気。僕はクリスチャンの家に1週間もお世話になったので、日本食材が手に入るデュッセルドルフならつくれる！ってことで、最後にみんなにスキヤキを振る舞うことにした。必要な食材は、すべてスーパーマーケットで手に入った。

みんなが帰宅する時間に合わせて調理開始。多国籍なみんなも興味津々で眺めている。煮込み具合もいいぐらい！　号令をかけて、全員集合。物珍しそうにしている顔が見える。僕自身も、海外でここまで本気で日本料理を振る舞ったのは初めてだったので達成感がある。あとはみんなに思う存分食べてもらうだけだ。

「さあ、食べよう！　まずは生卵をお椀《わん》に割って、そこでお肉と絡めて食べるんだ！」

その瞬間だった。さっきまで笑顔だったみんなが表情を曇らせている……。なんと、その場にいた全員が、生卵を拒絶した（ちなみに、ゴボウも欧米人は食べないようだ。欧米人には木の根にしか見えないと）。ドイツ人、デンマーク人、フランス人、アイルランド人、アメリカ人……全員が生卵にＮＯを突きつけるというハプニングが発生したのだ。

（まさか……そんな……）

一瞬呆然。話を聞くと、生卵はサルモネラ菌による食中毒の可能性があるので、決して生では食べないと。卵を生で食べるのはボクシング映画の『ロッキー』の主人公ぐらいだと。チェックしてみると、スーパーで市販されている生卵の賞味期限は１ヵ月後だった。

（これは……日本なら棄《す》てているんじゃないか？）

結局、僕らは相談の末、数分卵をゆでてから食べることになり、ほぼゆで卵になった卵を無理矢理溶かしてスキヤキを食べたのでした（ちなみに生卵なしでもスキヤキはウケがよくて、翌日にレシピを訊かれました)。その後、インターネットで調べてみると、実は日本以外の国では生卵を食する文化はめったになかった。

海外では生卵が食べられない！　生卵文化が根づいた僕ら日本人には、卵かけゴハンをはじめとして大問題だ！　海外でも徐々に殺菌処理をされて生で食べられるＢＩＯ卵というものが出てきているようだが、まだまだ浸透と普及には年月を要しそうだ。

旅をしていると、時折こういったカルチャーショックがあるからオモシロイ。

日本のことを一切知らない人に母国をどう説明するか

――日本という国をゼロから外国人に伝えられますか？

デュッセルドルフから首都ベルリンまではけっこうな道のり。ライドシェアの運転手さんが見つからなかったため、ヨーロッパを縦横無尽に駆け回るユーロラインという長距離バス会社を利用することにした。ヨーロッパを安く移動するのには鉄道よりバスだ。

だがしかし、このバスが本当にツラい……。南米の長距離バスの方が10倍快適だ。座席間隔は狭く、リクライニングもさっぱり。席も硬い。まさかヨーロッパで南米のバスに恋焦がれるとは思いもしなかった。ベルリンで泊めてくれた男性の家の寝床も、僕のカウチサーフィン史上、もっとも硬い寝床だった。というのもフローリングの上にヨガマットを敷いて、薄い寝袋という装備だったからだ。

ベルリンにはそんなに長くはいなかったが、かつて国が二分され、西ドイツと東ドイツに分かれていた時代の遺産、ベルリンの壁を眺めて想《おも》いを馳せた。今も一部残るベルリンの壁には『友よ、きっといつかまた共に』と書かれていた。ベルリンからハンブルクへは、再びライドシェアを使う。今回はわりとぎゅうぎゅう詰めの車内だ。後部座席の真ん中が僕。左側にアフガニスタン人。僕にとって、彼は人生で初めて出逢ったアフガニスタン人だった。アフガニスタンといえば、正直、アメリカの9・11テロのネガティブなイメージしかなかった。

無知な僕は、失礼も承知で彼に尋ねる。

「アメリカのことをどう思う？」

「嫌いだ。最低だ」

彼は一蹴した。彼からも、一つ尋ねられた。

「俺に日本のことを教えてくれないか？　日本って、どんな国なんだ？」

僕は問い返す。

「えっと、日本の何を知りたいんですか？　最近の日本の政治？　経済？　流行？」

彼は答える。

「君は世界を旅しているんだろう？　出逢う人の中には、日本という国を一切知らないという人もいるかもしれない。その時、君は自分の母国をどんな国だと説明するんだ？」

言葉が出てこなかった。これまで散々日本という国について答えたことはあったのだが、ゼロから母国を説明する機会はなかった。『技術大国』『サムライ、ニンジャ、アニメ』『ソニー、パナソニック、トヨタ』『世界最長寿』などという事前情報をみんな持っていて、その上で質問されることが多かったからだ。

日本についてのイメージはごく一部の国を除いて基本的にはポジティブだ。しかし、僕の左に座るアフガニスタン人の彼の場合は、きっと国自体のネガティブなイメージを、その誤解を解くところから始めなくてはならないのだろう。

旅を始めた頃、アメリカ人に**「ところで、日本の天皇陛下の名前はなんていうの？」**と訊かれて答えられなかった時のもどかしさと恥ずかしさを思い出した。自分の生まれ育った国のことなのに（天皇家には名字はない。名前のみ。現在の天皇陛下のお名前は明仁（あきひと）様）。

僕は今、日本という国をゼロから説明してほしいと頼まれても、どこからどう説明していこうか、まだ納得いく説明が浮かんできていない。人口や国土面積といった基本情報から入るのはオモシロくない。やはり、神話から入るべきなのだろうか？　いつかあのアフガニスタン人と再会するその日が来るまでに、ちゃんと答えを用意しておこうと思う。

華の都パリで崩れた幻想

――それを『運命』と捉えるか『偶然』と捉えるか?

ハンブルクに到着。この街では、ドイツ人女子大生の家に数泊させてもらう間に、彼女の友人とホームパーティをしたりして楽しんだ。パーティでは、ドイツのイケメン社会人に思わぬツッコミを受ける。

「ヘイ! 俺は日本人の旅行スタイルを知っているぜ! 7泊8日で、初日はパリ、次の日はバルセロナ、次の日はローマって日々激しく移動していくんだよな。これって『バカンス』なのか? 俺にとっては『ストレス』だぜ」

なんて上手い言い回しだ……。一本取られた気もするが、たしかに日本人の海外旅行は弾丸旅行だ。弾丸中の弾丸すぎて、ヨーロピアンからしたら理解不能なんだと思う。いつか日本の働き方を変えていけたらと、また心に静かに誓う。

ハンブルクからは、お隣の国ベルギーへ。ベルギーに数日滞在した後、華の都パリへとやってきた。僕の中ではニューヨーク以上に華やかなイメージが強いオシャレな街だ。高級ブランドのイメージも強く、ヒゲがボーボーの僕みたいなバックパッカーが存在していては失礼なんじゃないかと勝手に被害妄想するほどだ。

お昼過ぎだっただろうか。ゲストハウスから出て買い物にいくところだった。前には広い道路があり、たくさんの車が路駐している。いつもと変わらない光景だったが、その日はそこに10歳にもならないぐらいの少年がいた。その少年は、路駐している車の一台一台のドアロックを確認している。

「ガチャガチャッ。ガチャガチャッ」

同じリズムの音が何度か聞こえた後、少年は僕が見ていることに気づいたようで、その場を走り去っていった。窃盗未遂だとしか思えなかった。信じられなかった。華の都パリで、小さな子どもが窃盗をするなんて。日本では見たことがないし、ありえないと信じている。たまたまだったのかもしれない。そう願いたい。華の都に抱いていた幻想が僕の中で崩れていった瞬間だった。

その後、フランスで開催されている世界最大級の日本文化の祭典、ジャパン・エクスポに遊びにいく。4日間で20万人来場するという、とんでもないイベントだ。ヨーロッパのみなさんの本気コスプレには太刀打ちできない。『ファイナルファンタジー』や『ゼルダの伝説』のキャラクターとか激似だった！

そういえば、パリにいる間に奇跡が起こった。僕の人生でもトップ3に入るぐらいの奇跡かもしれない。パリの観光地でもなんでもない、地元の人が生活しているエリアを歩いていた時だった。前方から見覚えのある人が歩いてくる気がする。そう、デュッセルドルフで散々お世話になったクリスチャンだ！　彼も僕に気づいたようで、大騒ぎ。待ち合わせしていたわけでもないのに、他国で偶然ばったり遭遇するなんてあるだろうか？　彼とはちょっとした運命を感じずにはいられなかった。
『偶然』と『運命』。事象は同じだ。自分自身がそれをどう捉えるかの違いだけ。僕は『運命』だと思って、今後の人生、彼とのご縁を大切にしたいと思っている。そんな美しい奇跡を感じた後、泊めてもらったフランス人の大学教授がゲイの方で、夜のお誘いをいただいたが紳士的に回避。そのまま逃げるように情熱の国スペインへ。再びユーロラインでお尻を痛くしながら長時間移動だ。

2週間の休みを「短い」とイラつくイタリア人

――ベンチャー企業の社会に対する本当の役割とは何か？

世界中の多くの人が『最高の街の一つだ』というバルセロナ。スペインの経済と観光を支える都市。その言葉に間違いはなく、本当に素敵で愉快な街だった。泊めてもらったのは、バルセロナ在住イタリア人のカミラ。彼女はもともとアイルランドのYahoo!とGoogle社に勤めた後、バルセロナ発ITベンチャーにマーケティングマネージャーとしてヘッドハンティングされた逸材。仕事の話はもちろん、以前仲良くなった日本人がナイスな人だったらしく、僕の面倒もとてもよくみてくれた。

ベンチャーで働いているというのに、毎晩19時頃には帰宅して一緒にご飯を食べるためにいろんなところに連れていってくれた。彼女の友達もたくさん紹介してくれた。

おかげさまで楽しくなりすぎて、予定以上に滞在。2週間近くいたのだが、すべてカミラの自宅にお世話になった。彼女は僕に合鍵まで渡してくれて、至れり尽くせりだった。本当に感謝している。

そんな彼女と教会前の路上の段差に座って、イタリアンジェラートを食べていた時だった。彼女はその日、少し疲れた顔をしていたので、どうしたのかと尋ねると、今年は全然休みを取れないからイラついているのだと言う。まぁ、彼女はベンチャーに転職したのだから仕方ない。僕もベンチャーだったので気持ちはわかる。

僕「ちなみに今年はどれぐらい休めそうなんだい？」

カミラ「今年はまさかの2週間の休みが2回だけなのよ」

衝撃すぎて、思わず右手に握っていたジェラートを手放しそうになった。ヨーロピアンの休みが長いというのは理解していたが、バリバリのベンチャーでもそんなに休めるのか!?

カミラに言った。

僕「カミラ、日本のベンチャーなんて1年に5日休みを取るのもままならないよ。

日本の大企業でも超頑張って2週間ぐらいかな」

カミラ「本当に!?　私、いつか日本で働きたいと思っていたけれど、それだったら日本で働きたくないわ!」

カミラの驚いた顔を今でも鮮明に思い出せる。ヨーロッパで働いてきた彼女からすると信じられないことなのだろう。

日本の働き方。戦後、休むよりも働くことが美徳とされた。それが行きすぎてしまった社会。もちろん、僕のように仕事が好きな人種はアホみたいに仕事をしていればいいと思うのだが、一般的な平均値として、やはり日本人は働きすぎなのだと思う。ヨーロッパの中でも真面目な気風があるスウェーデンで働いている日本人女性は言っていた。

「みんながあまりにも働かないから、私もダラダラ仕事をしてみたんだけれど、それでもどう考えても私の方が仕事しているんだから不思議よね（笑）」

アメリカでも、伝統的な企業が新しい働き方を提唱しているわけではなく、GoogleやAppleのようなベンチャー企業が人々の働き方まで変えてきている。日本も従来通りの働き方で成功体験を持つ大企業ではなく、ベンチャー企業が働き方を変えていかないと変わらないのだと思う。たとえば、ベンチャー企業は大企業に比べて不安定な分リスクは大きいが、『毎年1ヵ月間の休暇を保証』などの制度があればどうだろうか？　給与が同じならばベンチャー企業で働くという選択肢も見えてこないだろうか？　ベンチャー企業は優秀な人材を獲得していく流れの中で、世の中の働き方自体を変動させていくべき存在なんだ。楽天やユニクロが社内英語公用語化を推進しているが、本当に優秀な人材を採用する時には、公用語の整備はもちろんだが、ヨーロッパの休暇制度も取り込んでいかないと、世界の優秀な人材を日本企業には取り込めないだろう。そう考えさせられたバルセロナの夕暮れだった。

最後にサグラダファミリアを観光し、その圧倒的な美しさと、100年以上かけて今もなお完成を目指して建築中という物語に感銘を受けた。さっと、完成は延期し続けて、さらに完成日は延びていくのを誰もが想像していることだろう。でも、それでもかまわない。訪れるたびに進化を続けているのだから、未完成だからこそ、僕らの想像力をかき立ててくれるのだろう。何度でも未完成のサグラダファミリアを訪れたい。その後、マドリードに滞在し、いよいよイギリスへと向かう。イギリスへはヨーロッパを代表するLCC、イージージェットを利用。深夜にロンドンに到着。格安航空だと市街地からけっこう距離のある郊外空港になることが多いので、要注意だ。そのまま空港に1泊して、翌朝ロンドン市街へと向かう。

USTREAMでヨーロッパから出版記念イベントを開催

――執筆もイベントも今の時代、国境を選ばない？

ロンドンに到着した頃、僕宛の荷物も、ちょうどロンドン在住の知り合い宅に届いた。それは僕がタンザニアで猛烈執筆をした処女作『フィリピン「超」格安英語留学』だった。東洋経済新報社から航空便で送られてきたのだ。20冊ほど届いた本を抱えてみた。**(重い……)** 仮にもバックパッカーであるため、荷物の重さは命取りだ。

というわけで、ロンドン滞在中に出逢う人たちに本を配ることにした。

それにしても、本当にこの本が世の中に送り出されたのかどうか、正直、実感を持てなかった。南米を旅していた時に執筆オファーが来て、アフリカでそのほとんどを執筆し、ヨーロッパにいる間に出版される。しかも、一度も出版社の人と逢うこともなく本が世の中に出るのだからすごい時代だ。
もちろん発売されたのは日本国内だけなので、僕は実際に本が書店で売られているのを帰国するまで見ることができなかった。日本の友人が「おめでとう！」と写真を送ってくれるのだが、やっぱり実感を持てなかった。きっと日本にいたら出版記念イベントでもやるんだろうなと思ったので、諦めきれず、インターネットのリアルタイム放送『USTREAM』を使って、出版記念イベントを勝手に開催。500名ぐらいの方に見てもらえたのだからオモシロイ。インターネットは本当に世界を一つにできる技術だなとあらためて感じるのだった。

ロンドンには、英語のトレーニングも兼ねるのと、いろんなオモシロそうな人がいると思ったので1ヵ月ほど滞在した。毎日のようにいろんな場所に出かけて、いろんな方とお逢いした。どこのレストランもベジタリアン向けメニューが用意されていて、日本では普及していないメニューを物珍しげにレストランでチェック。それと、日本でも最近当たり前となってきたコワーキングスペース（事務所スペース、打ち合わせスペースなどを共有しながら、独立した仕事を行う共働ワークスタイルをコワーキングといい、それができる環境をコワーキングスペースと呼ぶ)。その走りとして有名な『the HUB』がロンドンにあったので見学したりした。

ロンドン市街をぶらぶら歩いていた時、目に飛び込んできたのはAppleストアだ。ちょうどiPadを買おうか検討していたので、入ってみる。天井が高く、広々。展示用のiPadをいじる。しかし、気になる値段がどこを見ても表示されていない。いくらだろうかと考えていると、iPadの画面左下に「ピコンッ」とボタンが出ているではないか。**「スタッフを呼びますか?」**との表記。

(ほっほーう! なかなかやりますね、ロンドンのAppleストアさん!)。興味津々でそのボタンをタッチ! すると、画面中央にタッチしたボタンが広がって表示される。そこには最先端テクノロジーといわんばかりの動きが!

「スタッフを検索中……」「スタッフのメリッサが応答中……」「メリッサが承諾しました」「メリッサがこちらに向かっています」。

ここまでの一連の流れがわずか5秒ほどで行われていたのだ。すごい。これがテクノロジーだ! 普通だったら、お店のスタッフさんにすみませ~ん!と声を出して呼ばなくてはならないところをタッチパネル一突き! 僕はあらためて、人類の技術の進歩に感激していた。

……だがしかし、メリッサはその後20分待っても来なかった。技術の進歩に、人間がついていけていなかった。

命の物語を繋いでいくベンチ

――『ベンチドネーション』という文化を知っていますか？

その後、ロンドンを離れてスコットランドにあるエディンバラへ。たまたまエディンバラでは1年に1度の世界最大級の大道芸フェスティバル、『フェスティバル・フリンジ』（毎年8月に3～4週間にわたって開催される世界最大の芸術祭。アマ・プロ問わず登録料と参加費を収め、場所を見つけさえすれば、誰でも公演できるシステム）が開催されていて、街は大賑わい。ヨーロッパはどこを歩いてもドラゴンクエストに出てきそうな街並みだが、ここエディンバラは個人的には別格だった。街を歩いていたら思わずドラゴンクエストの音楽を口ずさんでしまうほど『ザ・中世ヨーロッパ』だと思えた。

エディンバラを歩いていると、やたら他都市より不自然に多く存在するモノがある。そして、そこにはなぜか不思議にメッセージが書かれている。そう、ベンチだ。街に置いてあるベンチにメッセージが入っているものがある。何かというと、それは故人を想う気持ちが込められたベンチだった。

「あなたが大好きなPRINCESS通り」

というメッセージの内容からすると、ベンチの場所まで指定できるようだ。

『ベンチドネーション』というこの仕組み。スコットランド在住の方のブログを見る限りでは、ベンチの寄付自体、10万円前後のけっこうなお金がかかるようだ。しかし、そのベンチが残り、故人を想う人たちがそこで故人に話しかけたり、そのベンチから見知らぬ若者たちの新たな出逢いが生まれたりと、物語を繋いでいくのだから本当に素敵な仕組みだと思う。エディンバラには、市街の通り沿いと公園を中心に合計200個以上のベンチがあった。あまりに素敵すぎる取り組みだったので数えてしまった。

ベンチ一つひとつを眺めるたびに、そのベンチに故人の魂が宿っているように感じられる。多くの遺族や友人、会社の同僚などからのメッセージを読むたびに、目頭が熱くなる。本当に素敵だ。いつまでも、そのベンチから愛する故郷と愛する人たちを見守っていてください。もし僕が死んだら、お墓はいらないから、僕が大好きな場所を遺書で指定するから、そこに大きなベンチを置いてほしいなと思った。

The United Kingdom of Great Britain and Northern Ireland

「俺の夢はヨーロッパに行くことなんだ！」と語るウガンダ人

――途上国側から見た、グローバル化とは？

そんなこんなで、ロンドンも離れる頃だった。僕のFacebookにメッセージが届いた。なんと、タンザニアで出逢ったウガンダ人学生のボンだった。タンザニアのローカルバスに乗車した際、隣に座っていた黒人学生だ。彼はウガンダ人なのだがタンザニアの大学に通っていた。バスの中で30分ほど彼と話をしたのだが、彼が僕にどうしてアフリカにいるんだと尋ねるので、とっさに嘘をついてしまった。

時として、世界旅行をしていることを言いにくい時がある。僕は彼には世界旅行をしているとは言わず、東アフリカをちょこっとだけ周遊旅行しているんだと答えた。

彼との関係はその場限りだと思ったので僕は嘘を通すことにしたのだが、バスを降りる際に彼が言った。

「Facebookやってる？」

その魔法の言葉により、僕らは繋がることになった。もちろん彼は日本語は理解できないため、僕のFacebookを見てもよくわからないだろうが、写真を見れば僕がどこにいるかはわかるはずだ。

そんなボンから届いたメッセージ。

「Hey, my friend!! How are you? Where are you?」

僕は正直にロンドンにいることを伝えると、彼は興奮していた。

「Going to Europe is my dream!! I envy you!!（ヨーロッパに行くのが夢なんだ！君がうらやましいよ！）」

複雑な心境だった。日本人なら、数ヵ月間貯金をすればヨーロッパに誰だって旅行に行ける。しかし、彼はそうではない。ビザの問題もあるし、ヨーロッパ旅行をするのに必要な貯金をするのは数年以上かかるかもしれない。

ただ、彼は英語が達者だ。英語を使えばアフリカではなく、欧米から仕事をつかめるかもしれない。グローバル化というのは先進国の人たちからすると、どんどん自分たちの仕事が人件費の安い国の人たちに奪われていく得体の知れないコワイモノみたいになっているけれども、途上国の人たちからすると、この不平等な世の中から抜け出せるチャンスなのかもしれない。

4カ国語を操るルクセンブルク人

——国境を越えて通勤する社会を想像できますか？

ボンの姿を思い出しながら、ロンドンからヨーロッパの小国ルクセンブルクへフライト。ルクセンブルクはフランス、ドイツ、ベルギーに囲まれた小さい国だ。国土面積は佐賀県と同じ程度。人口も50万人程。日本人には聞き慣れないこの国だが、国民のお金持ち度合いがすごい。給与も世界トップレベル。小さな国だが、なんともうらやましい限り……！　そんなルクセンブルクの首都に数日滞在をさせていただいた。もちろん、ルクセンブルク人のご家庭にホームステイ。まだ20代の社会人カップルの家に転がり込んだ日本人の僕。一緒に豚の角煮をつくって振る舞ったり、たまたま開催されていたヨーロッパ風物詩のオクトーバーフェストに遊びにいってみたりした。

この国に驚かされたことが一つ。ルクセンブルク人は大学を卒業する時には、4ヵ国語がペラペラに扱えるようになっているとのことだった。母国語であるルクセンブルク語はあるのだが、小学校からドイツ語、フランス語の順に授業を受ける。そして、大学では英語で授業を受けるそうだ。

いくらヨーロッパの言語が似ているといっても、これにはさすがに驚いた……。理由はというと、ルクセンブルクは小国であるがゆえに国外のどこででも生きていけるように備えて、という点と、そもそもルクセンブルク国内で働く労働者の国籍比率は外国人がかなり高いことに関係があるのだろう。みんな、隣の国から電車や車で1時間程度で通勤してくるそうだ。毎日、国境を越えての通勤。なかなか日本では考えることができないが、ここではそれが当たり前らしい。

欧米人が2ヵ国語を話せるといっても、世界的にはたいしてすごくない。もちろん言語によるのだが、たとえばスペイン語とイタリア語なんかは激しく似ている。関東の人が関西弁を覚えるのと同じぐらいの難易度なんじゃないかと思えてしまうほどだ。にしても4ヵ国は相当すごいなと思った。ちなみに英語を母国語とする人たちからして、もっとも習得が難しい言語が日本語やアラビア語、中国語だったりする。逆に考えると、僕ら日本人が英語を習得するのも難しいと言える。だからって、英語が話せなくたっていいというわけではないが。

ルクセンブルクから長距離バスに乗って北上する。ベルギーを通過して、オランダの港町ロッテルダムへ。日本から駐在員としてやってきて物流企業で働いている友人がいたので、何日かお世話になる。この街のビル群はなんだか現代的デザインでカッコイイ。耐震性を気にしなくていいというのは、やっぱり大きいのだろう。

オランダに驚かされたことは、**(歩道がやたら広いな)** と思いながら歩いていたら、後ろから **「どけぇ――!!」** という感じで怒られまして……。**(歩道を自転車が走って怒鳴られても困るわボケェっ!!)** と言い返してやりたいところだが、そんなことを思っていたら、再び後ろから自転車がやってきて **「あんた邪魔よ!」** と言われてしまう。**(ど、どういうこと……? オランダの人はバックパッカーに厳しいの?)** と涙ぐみそうになった時に気づいた。**(……ここ、歩道じゃない。自転車道だ)**。なんと、歩道よりも断然広く自転車専用道路が展開されていたのだ。ここまで自転車を優先する道路には、この旅路で出逢ったことがなかった。

スウェーデンの25％の消費税

――25％の消費税は、高いか、安いか？

ロッテルダムで数日過ごした後、首都アムステルダムへ。ここには、男性諸君なら一度は耳にしたことがあるであろう『レッド・ライト・ディストリクト』と呼ばれる地区がある。いわゆる風俗街だ。ここはとてもユニークだ。

想像してください。普通の繁華街がありますよね？　家族連れとか、カップルとかが繁華街を歩いたり、レストランやカフェでビールを呑んだりしています。……で、その横にガラスのショーウィンドウがある。その中に、なんとセクシーなお姉さんが入っている！　そして普通にガラス窓の内側から誘ってくるのです。

すごい。とにかく、世界中でこんな場所はたぶんここしかない。白人のおばあちゃんがビールを呑んでいるすぐ背後から、セクシーお姉さんがビキニ姿で誘惑してくるのだから。子ども連れの家族もけっこういるので、なかなかエライコッチャ状態。ちなみにシステムはというと、気に入ったお姉さんがいたらガラス窓をノックして、価格交渉をして、合意に至ればガラス窓の奥に消えていくという仕組みらしい。

たまたまアムステルダムで知り合った男性がジャーナリストの卵らしく、ここで働く女性たちに取材活動をしていた（売春婦のいる窓の写真撮影は、失礼なこととされているので、注意してください）。彼の話によると、女性の多くは中南米からやってきたという。彼女たちは望んでやってきたわけではなく、その多くは騙されて連れてこられたと。アムステルダムには彼女たちを支援するＮＰＯなどもあるようだ。世の中、そんなに簡単じゃないし、表と裏がある。それでも彼女たちは今日も客を取らなくてはならないんだろう、生きるために。

オランダからデンマークを経由して、北欧スウェーデンへ。１週間程度しか滞在できなかったが、首都ストックホルムを堪能させてもらった。スウェーデンはデザイン業界でも有名で、ＩＫＥＡやＨ＆Ｍもこの地から始まっている。

そんなスウェーデンの消費税は、まさかの25％。超高い。日本の消費税は最近５％から８％に上がったばかりだが、そんなのどうでもよくなるぐらいスウェーデンの消費税は高い。しかし、人々はそんなに不満があるわけでもないようだ。僕が泊めてもらっていたスウェーデン人は**「消費税が高い？　俺はもっと払ってもいいぐらいだけれどな！　ハハハッ！」**と言っているのだから驚いてしまう。なぜなら、そこには圧倒的に充実した福利厚生があるからだ。しかし、日本だって充実した福利厚生を兼ね備えている国のはずなのだが、この差はいったい何なのだろう？（世界の消費税率【25・5％】アイスランド。【25％】スウェーデン、デンマークなど。【23％】ギリシャ、フィンランドなど。【17％】中国。ただし、物によって税率が違うので、一概に比較はできない。たとえば、アイルランドの食料品の消費税率は0％。デンマークでは一律25％だが、医療費、教育費、年金などが無料）

彼らの話を聞き、ストックホルムの街を歩いていて、少しわかったことがある。日本もスウェーデンも、『万が一』の時の支援の厚さは似ている。しかし、この国では『万が一』以外の日常の中にも福祉がふんだんに織り込まれている。

たとえば、子育てをする母親を支援するために、ベビーカーを押すお母さんは市営バスなどに無料で乗車できるそうだ。出産費用は無料。育児休業制度は、480日間の休みを子どもが8歳になるまでの間に行使することができる柔軟性。医療費も20歳未満は無料であり、それ以上の人も、年間の自己負担は上限900クローナ（日本円で約1万円）しか、かからない。また、消費税も一律ではなく物によって異なる。食品や教育に関する文房具などは税率が低く、電化製品やゲームなどは高い税率とのことで、うまくつくられていると感じた。

日本だと、高い税金を払っても『万が一』以外の日常の大部分では福祉を感じることが難しい。でも、ここスウェーデンはその見せ方がうまい。自分たちが支払った税金がちゃんと国民のために還元されていることが非常にわかりやすい制度がつくられているのだと思った。日本も、消費税を10％でも15％でも上げるのは個人的にかまわないので、その先にある国民への還元を明確化してもらえればと思う。日本はそこがもったいないんじゃないだろうか。

3・11後、チェルノブイリへ

——あの原発事故の街は、今、どうなっているのか？

北欧から東欧のウクライナへ。ウクライナは旧ソ連圏の国の一つで、1991年に独立を果たした国だ。地理的にはロシアの南西にあり、西側ではポーランドなど東欧諸国と繋がっている。さて、ウクライナに来た理由。旅を始める前は、噂に名高い『世界有数の美女大国』の実態調査を訪問理由にしていた。……が、もちろん今は異なる。日本で東日本大震災が起こり、福島第一原発が制御不能になり、レベル7という最高危険度に陥った。過去に同じレベル7で事故が起きたのは、世界でもここウクライナにあるチェルノブイリ原発しかない。

チェルノブイリ事故が起きたのは1986年の4月。事故が起きた時、僕はまだオギャーオギャーと泣き叫ぶ赤子だった。1977年に着工され、1978年5月に1号炉が運転を開始。1986年4月26日に、4号炉が事故を起こし、世界中にその名が知れ渡った。しかし、なんとその後も2000年12月まで、最後の3号炉が稼働していたそうだ)。当時のことは何一つ憶えていないので、世の中がどれほど騒ぎになったのかもわからない。ただ、僕は一人の日本人として、人間として、チェルノブイリ事故のその後に興味関心を強く持ったので、ウクライナを訪れることに決めた。最初に言っておきたいのが、僕は専門家でもないし、原子力についてガッツリ学んだわけでもない。素人であり、ただの若者の戯言《ざれごと》レポートだと思って読んでもらえれば嬉しい。

まず、ウクライナに到着をして思ったのは予想以上に発展していたことだ。地下鉄が整備されていて、首都キエフの街中には3本も地下鉄が走っている。10分と待たずに次の地下鉄がやってくるのは非常に便利だ。ただ、ウクライナ語はキリル文字(キリル文字はギリシャ正教をスラブ人に広めるためにつくられた文字)表記なので、読み方も発音もサッパリ。さっそくホステルにチェックインして、チェルノブイリへのツアーを調べる。どうやら週末に行われているようで、僕が到着したのは水曜日なのだが、そこから先だと金土日の日程があると言われる。

同じ宿にいたドイツ人の女の子と仲良くなる。彼女はウクライナにやってくる鉄道の中でウクライナ人と仲良くなったそうだ。そしたらそのウクライナ人には**「チェルノブイリに行くことはオススメしない」**と言われたと。そのこともあって、ドイツ人の彼女も、僕に行かない方がいいとススメる。**「今、チェルノブイリ原発を覆っているシェルター（石棺）は老朽化していて、いつ壊れるのかわからないのよ！　放射能が漏れているかもしれないよ！」**と『事故直後、原子炉は『石棺』と呼ばれるコンクリートの建造物に覆われた。大量の作業員を投入し建設されたシェルターの耐用年数は30年。石棺は事故から27年が経ち、ひび割れがひどくなり、2年前には原発から50mほどのところで、最大18マイクロシーベルト（毎時）が漏れていたことがわかった。新しいシェルターは2015年に完成予定だが、こちらは耐用年数100年』。

実際、ウクライナ人はチェルノブイリ区域には行かないらしい。観光客やジャーナリストや研究者ばかりが興味を持つそうだ。自分なりに最近チェルノブイリに訪れた人のブログなどを確認する。現在の放射線量なら問題ないと判断し、僕は参加することに決めた。1日バスで巡るツアーで160ドル支払った。ウクライナの物価からすると高いと感じるが、いろんな理由を考えると適正な価格かもしれない。ツアー前日に、ウクライナ人とのフットサルに参加し、僕の両足は筋肉痛MAX。朝起きて、独立記念広場の前に集合。筋肉痛の足を引きずるように歩いた。

ツアー参加者は15人だった。偶然にも、僕の他にもう一人日本人の方がいた。1週間の休暇でロシアとウクライナに旅行に来ているということだった。他の参加者は、フランス人、ドイツ人、アメリカ人、イギリス人など、ほぼ先進国出身者だ。

さて、時間が来たのでバスに乗り込み、首都キエフからチェルノブイリエリアまでは片道2時間ちょっと。その途中、バス内にて『THE BATTLE OF CHERNOBYL』というドキュメンタリー映像を見せられた。内容はチェルノブイリ事故発生から、何が起こって、どう時が進んでいったのかを細かに。1時間強の放映時間だ。

事故後、今でも原発を中心として半径30㎞圏内は居住立入禁止区域となっていて、通称『ゾーン』と呼ばれているそうだ。検問があり兵隊のチェックを受ける。パスポートを出して通過できるのだが、驚いたことに荷物検査がなかった。**「テロリストについては大丈夫なのか？」**とガイドに尋ねると**「ウクライナをテロリストが襲うメリットがない」**と即答される。

バスに乗ったままいくつかのモニュメントを見ていく。その中に消防士のモニュメ

ントがあった。彼らは事故発生直後、炎上した現場を鎮火するために何が起こってい
るのかも知らないまま突撃し、闘った消防士だった。おそらく、彼らは相当量の被ば
くをしたのだろう。

何人かの参加者は、放射線量をチェックできるガイガーカウンターを手に持ってい
た。時折、僕もその数値を見せてもらったが、いたって問題ないような数値が表示さ
れていた。0・1〜0・2マイクロシーベルト（毎時）ほど。1時間その場所にいる
と、0・1〜0・2マイクロシーベルトの被ばく量ということだ。しかし、ガイドが
バスの運転手に指示をして、ある場所で停車すると異常な反応を示した。車の中にい
るのに数値は30マイクロシーベルト（毎時）を超えていた。

その場所は、大量の放射能を浴びたことにより森の色が赤く変わったと言われてい
る、通称『レッドフォレスト』だった。現在は普通の緑色の森だったが、今でもあそ
こには人は住めないと言われていた。30秒ほどで、僕らはその場を立ち去った。この
ツアーには、万が一身体や持ち物に何かあっても、自己責任である旨を書類にサイン
をしてから参加している。自分の身は自分で守らなくてはならない。

今なお50％を原子力発電に頼るウクライナの実態

——惨劇を経験した人々の意思に変化のない理由とは？

その後、僕らはチェルノブイリ原発の近くにある、事故後ゴーストタウンと化した街、プリピャチ市（チェルノブイリ原発の従業員の居住地として1970年につくられた街。原発から4㎞の場所にある）を訪れた。事故前は4万8000人が住んでいたその街は、政府によって強制疎開となったそうだ。ガイドの話によると、住民は**「3日間したら街に戻ってこられるので、パスポートと財布だけ持って退避しなさい」**と言われたそうだが、実際問題、その後しばらく彼らがその街に戻ることはできなかったらしい。そして今はごく一部の人を除いて、一般の人はその街には住めないとされている。25年間人が住んでいない街には草木が生え放題。事故後にソ連政府が除染ということで建物内の家具などをすべて破壊し、処分したそうだ。そのため、建物内はただの瓦礫《がれき》というか廃墟《はいきょ》だった。

明らかに演出と思えるような場所もあった。聞くと、現在の石棺は老朽化していて、早く次の新シェルターを建築しなくてはいけないのだが、予算が厳しいのだという。そのために、全世界に対してチェルノブイリ事故の悲惨さをあえてアピールをしているようにも見える。道端の人形、横転したままのゴーカート。不自然で、そう見せたいと感じる光景がいくつかあった。いわゆる大人の事情だ。

プリピャチ市を見学した後、いよいよ原子力発電所へ。僕らは300m手前までは進むことが許されたが、さすがにその先には入れないようだ。その後、作業員の人たちが昼ごはんを食べているところで僕らも昼食を食べ、最後に放射線量チェックを受ける。ただ、オカシイ話が放射線量チェックマシンを受けるのがセルフだったこと。係の人がついているわけでもなく、参加者が自分で勝手にチェックするというシステムだ。異常値を示したらブザーでも鳴るのだろうか……？　その放射線量チェックを2ヵ所で受ける。どちらもセルフチェック。全員問題なし。

最後に検問を抜けて、ツアーは終了。ツアー中に参加者のドイツ人に声を掛けられた。

「日本はフクシマの後、原発はやめる方針で決まらないのか？　ドイツはちょうどフクシマの2週間後に選挙があったこともあり、国民が原発反対をし、政治家も受け入れて、国家として原発をやめる方針で動いているよ。フランスからの電力供給もいずれは止めて、再生エネルギーに転換するつもりだ。日本はどうなんだ？」

翌日、キエフ市内にチェルノブイリ原発事故ミュージアムがあるというので訪れた。入場料は100円ちょっと。ただ、館内はロシア語とウクライナ語が中心のようで、英語がほぼない。現地人がいないと悲劇だ……。たまたまウクライナの友達が一緒に回ってくれたので、ザックリと友人が説明してくれた。

館内には、事故についての資料や遺物などがある。原発事故に従事した関係者の写真が大量に並んでいるのだが、その写真の右下に核マークがついているものがある。それは『原発事故後に被ばくが原因で亡くなった人』という証明シールだった。なぜシールなのかというと、その対象者は今も増え続けているからだと。

その博物館の終盤には、なぜかやたらと日本語が目立ってきた……と思ったら、チェルノブイリと日本はヒロシマ・ナガサキで繋がっていた。そこには広島の人たちから、チェルノブイリ事故被害者への応援メッセージや千羽鶴などが贈られていた。それもあってか、そのミュージアムの運営には日本から多大な協力が行われていたようだ。まさか再び日本でフクシマが起こるとは一般人は誰も考えていなかっただろう……。僕らはヒロシマ・ナガサキを経験したのに、フクシマまで起こしてしまった。その事実をあらためて突きつけられた場所だった。

僕は、チェルノブイリ事故のその後の『場所』自体は巡った。ゾーンへのツアー参加と、ミュージアム見学。しかし、僕が知りたいのは過去ではなく『人々の今』だ。そんなわけで、僕はウクライナ滞在中に出逢った人たちに事故のその後について、いろいろと話を聞いた。その多くは若者。22～35歳ぐらいまでの人たち。彼らは、当事者というよりは当時子どもだったり、生まれていなかった世代だ。

10人ほどの人たちとチェルノブイリの話をした。中にはウクライナの国営企業でエネルギーに関する仕事をしている人もいた。その中で彼らに教えてもらった事実で驚いたことがある。ウクライナは、今でも電力の50％を原子力発電に頼っていたのだ。これには驚いた。いやしかし、それ以上に驚いたことは、ウクライナ人の多くが、それを受け入れて呑み込んでいるという事実。原発稼働に対しては疑問を持たずに、**「安価な電力供給のためには仕方ない」**という意見が多かった。**「飛行機事故と一緒だよ。利便性とリスク。どちらを取るのか」**と言う人もいた。

彼らの姿勢は理解できる部分もあるが、『原発をやめるための努力＝新エネルギーを進めていこう。代替しよう』という意思をほぼ感じることができなかったのが僕にはもっとも衝撃だった。すでに多くの人々にとって、チェルノブイリ事故は過去だった。あれから25年が過ぎた今、それも理解できなくはないが、フクシマの事故後も、特に人々の意思には変化がないようだった（もちろん、国民全員ではないだろうが、少なくとも僕が話した10人は全員）。

そういえば、チェルノブイリのゾーンでもミュージアムでも、ウクライナ人の声からは、何一つ、誰一人として、『原発管理者の責任追及』という意思が見えなかった気がする。いかにもソレは天災だったかのような、自然がもたらしたかのような、そう思わされているような気さえした。いわゆる『仕方ない』という印象。その姿勢には違和感があった。

とにかく、多くのことを考えさせられたウクライナの旅。日本は少なくとも将来的な脱原発を目指して、再生エネルギーの技術革新に取り組み、近い未来に原発を他の発電手法によって代替していく可能性を模索し続けていく必要があると思う。そうすれば、そこから世界中の国を変えていける可能性もあるのではないだろうか。フクシマは人災だと言われているが、人間は人間であるがゆえに完璧はありえない。0・00000001%のリスクがあり、そのリスクが人間に管理不能であれば進めない方がいいと僕自身は思う。僕らは今一度、考えてみなくてはならないと思った。

その後、ウクライナでは首都キエフで数日間過ごし、いよいよヨーロッパを後にすることになった。実にヨーロッパには100日ほど滞在したのだが、その9割以上は誰かの家に泊めてもらうという貴重な経験だった。ゲストハウスでいろんな旅人との交流を深めるのも楽しいが、やはり現地の人の家に泊めてもらう方が格段に学べることが多かった。特にヨーロッパは物価が高いから、大変な節約にもなりまして……！

これからヨーロッパへ行く人たちには、ぜひインターネットを活用して、現地の人の家に泊めてもらってほしい。さあ、ここからは未知なる領域である中東だ！　まずはヨーロッパと中東の狭間《はざま》と呼ばれる都市、トルコはイスタンブールへ。

第七章

中東

現代をリアルタイムで生きる人の日常を知るには

――ガイドブックの向こう側に足を運んだことはありますか？

中東？　ヨーロッパ？　ここは、イスタンブール。いよいよ自分の中でも想像することすら難しいほど、何も知らない中東の地へ。トルコの首都イスタンブールに着いた！と言いたいところだが、残念ながらイスタンブールは首都ではない、という事実すら知らなかった自分。トルコの首都はアンカラという別の街だ。ブラジルの首都がサンパウロでもリオデジャネイロでもないのと近しい感覚だ。

ヨーロッパとアジアの中間にありつつ、イスラム圏という不思議な都市。美しく壮大なモスクが立ち並び、石畳の道はその長い歴史を感じさせてくれる。トルコ料理といえばケバブだ。ヨーロッパでは低価格のストリートフードとして散々お世話になったケバブ。本場は想像もできない美味しさなのだろうと胸を躍らせていたが、何軒か食べてみても想像以下だった……。僕には本場トルコのケバブよりも、オーストリアやドイツで食べたケバブの方が美味しく感じられたのだから皮肉な話だ。こういう話は、たとえばプリンも同じだということをご存知だろうか!?

日本だと非常にポピュラーで、ケーキ屋はもちろん、居酒屋でさえもメニューに存在する。コンビニでは工夫を凝らしたプリンが棚を奪うのに混戦状態だ。僕は、実はプリンがスイーツの中では一番好きでして。この旅で世界中のありとあらゆるご当地プリンを食べ尽くしてやろうと思っていた。『世界一周プリンブログ』でも書いてみようかなと意気込んでいたほどだ。しかし……。プリンは日本以外の国ではポピュラーではなかった。どこの国のスーパーもヨーグルト軍の勢力が圧倒的で(ヨーグルトといえばブルガリアと思いがちだが、トルコの一人当たりの年間ヨーグルト消費量は世界一)、プリンは棚の隅っこにギリギリ生かされているだけだった。本場ヨーロッパなら!と想いを馳せていたものの、日本並みのプリン熱はなかった。現実は残酷だった。

現地のトルコ人と逢うことになり、待ち合わせ場所をどこにしようかメールで相談。

彼「君は今、どこに滞在しているんだい？」

僕「えっとね、今は旧市街のブルーモスクの近くの宿にいるよ」

彼「うわ、そこかー。僕らは普段そっち行かないからね。●●の方まで来られるかい？」

現地に住んでいる彼は、旧市街には数年訪れていないとのこと。トルコの一般の人は、ガイドブックには書かれていない別の地区に住んで生活しているという当たり前のことに、なんだか驚いた。

彼に呼び出されて訪れたのはイスタンブールの海を越えた向こう側。通称アジア側と言われるところだった。アジア側の海沿いには、レストランやバーが並び、そこを抜けると住宅地だ。この辺は先進国と大きく変わらない。その先にはビジネスエリアがあり、なかなかユニークなデザインの高層ビルがビシバシ建設中。旅人しかいない旧市街にいてはさっぱり知ることのできなかった、トルコの発展の様子だった。

僕ら旅行者は、ガイドブックに書いてある宿に滞在し、ガイドブックに載っている世界遺産や観光名所を眺めることに終始してしまうことが多い。しかし、それは現地の人からすると、不思議な光景なのかもしれない。日本を訪れた外国人旅行者が京都と浅草だけ訪れて帰る姿に、変な気持ちになる感覚に近いというか。その国の伝統や歴史を知るにはガイドブックは有効だが、現代をリアルタイムに生きる現地の人たちの生活を知るのには、やはりズレがあるのかもしれない。

イスタンブールで、突然の手術

――怪我をしたら、どんな病院に行くのがベストなのか？

この街には有名な日本人宿があり、そこを拠点とすることにした。日本人宿は世界中に点在していて、日本人旅行者の拠点として、とても心強い存在だ。中南米ではお世話になったことも多かったのだが、ヨーロッパではそもそも現地の方の家に転がり込むスタイルだったため、しばらくぶりの日本人宿だった。

イスタンブールを満喫し、そろそろ次の街に移動を考えていた夕方だった。ボトルの赤ワインを購入し、宿への階段を駆け上がっていたタイミングで、豪快に足を滑らせて転ぶ。**「ガッチャーンッッ！」**。うわー、やってしまった……。左手に持っていたボトルが完全に割れてしまい、僕の左手も赤ワインまみれでビショビショ！と思ったら、左手の赤ワインがなぜか止まらずに流れ出てくる出てくる……。**（これ出血!?）**

完全に左手から血が流れ出ている……！　出血だ！

勢いよく転んだ直後だったからか、混乱していたからか、痛みも特に感じなかった。が、とにかく大出血に動揺する自分。宿の中に入り、旅人仲間に**「やばい。出血しているんだけど、どうやって止血するんだっけ!?」**と血が止まらない左手を差し出して訊くという、ホラー映画のワンシーンのような愚行を犯してしまった。

とりあえず、左の手のひらにタオルをあてがい、止血を開始。すぐにタクシーをつかまえて病院へ行くことに。ありがたいことに、同じ日本人旅行者の方が同行してくれた。こういう時、誰かが傍《そば》にいてくれるのって本当に心強い。

あまり英語が通じない運転手さんに、**「イスタンブールで一番良い病院、プリーズ! インターナショナルホスピタル、プリーズ!」**と必死に伝える（海外の病院は、国や地域によっては医療水準や設備が不安。そんな時に役に立つのは、英語が通じる医師がやっている私立病院（ただし、医療費は高額）。外務省のサイトやガイドブックにだいたいは載っているので、確認した方がいい）。運転手さんも察してくれたようで、**「オッケー! ドイツ人のインターナショナルホスピタルまで10分だ! 急ぐぜ!」**と。10分と言いつつも、30分かかって病院に到着。そこは本当にドイツ人オーナーのインターナショナルホスピタルだった。緊急外来として、治療室にすぐさま移動。

そこに現れるのはイケメントルコ人医師。結論から言うとワインボトルの破片で左手の手のひらがバックリ3ヵ所ほど切れていて、合計で6針縫うことになった。人生で初めて縫うレベルの傷を負ったのがトルコになるとは思わなんだ……。医師には**「1週間は運動禁止。安静にしていなさい」**と言われる。1週間後に抜糸するから再び病院に来なさいとのこと。利き手は右なので、生活にはそこまで不自由はなかった。

この1週間は、宿で様々な日本人旅行者のみなさんと仲良くさせてもらった。日本人宿には、やっぱりオモシロイ人が集まってくる。可愛い女性を見かけたら即告白！する旅人。もちろん彼もネタでやっている芸風みたいなものだろうが、彼のキャラクターで夜な夜な楽しませてもらったものだ。あとは、ヨーロッパからトルコまで自転車ではるばるやってきたチャリダー夫妻は、60歳前後だというからすごい。このご夫妻もすごいが、中東を旅してきた80歳の高齢バックパッカーの日本人男性がいたのだから驚いた。何歳になっても、本気ならできるんだ。ちなみに、その日本人宿の壁には熱いメッセージが書かれた紙が貼られていた。

「カメハメ波、なんで出ないと思う？　出そうとしないから出ないんだよ」

入国ビザ情報の古さにご注意!

——WEBの情報の賞味期限はどのくらい?

予定を大幅にオーバーしてイスタンブールに滞在してしまっていたので、ぼちぼち次の街へ移動を決める。有名なパムッカレとカッパドキアだ。石灰棚パムッカレの美しさと、地底迷宮のような不思議で壮大なカッパドキアを全力で楽しんだ。日本人宿で出逢ったみなさんとは、旅のルートが異なるためお別れだ。何日も一緒に過ごした旅仲間との別れは、日本人でも外国人であっても寂しいもの。カッパドキアから次に向かうは、黒海に面するトルコの地方都市トラブゾンだ。

この街にやってきた目的はただ一つ。イランの入国ビザを取得するためだった(パスポートは『この人物は自国の国民である』ことを保証するもの。ビザは『この人物を自国に入国させてもよいか(否か)』を審査するもの。なので、相手国の政府機関が発行する。観光ビザ、商用ビザ、学生ビザなど様々な種類がある)。イランは国際情勢の影響?か、非常にビザが取りにくい。しかし、旅人の情報ネットワークによると、ここトラブゾンで即日ビザを手に入れることができるというのだ。これに賭けるしかないとやってきた。

ホテルに荷物を置いて、イラン領事館へと向かう。徒歩10分もしないところに建物があった。入国ビザの発行をお願いすると、**「まずはインターネットでeビザ申請してから来てください」**と言われてしまった**(あれ、なんか話と違うな……)**。しかし、言われてしまったものは仕方がない。ホテルに戻り、教えられたイラン外務省のWEBサイトへとアクセスを試みる。……が**「NOT FOUND」**。一時的なトラブルかな?と思い、時間を置いて再度アクセスするも繋がらない。

さすがにこれはおかしいと思い、過去にイラン入国でeビザ申請に挑んだ人のブログがないか日本語や英語で検索してみると、そこには驚愕の事実が! **「半年以上前からアクセスできなくなっています」**。思わず笑ってしまった。いや、完全に笑えないのだが。僕のビザはどうすればいいんだ……? とにかく、指定されたURLがNOT FOUNDだったと伝えるために、ノートパソコンの画面をそのままにして持って、再びイラン領事館へ。

職員「私にもわかりません。システムが変わったのかな」
僕「こらこらこらこらこらぁぁぁぁああ！！！」

とツッコミ度満載の対応をされても、大人の対応をするためにグッと堪える。これはもう、トルコの首都アンカラにあるイラン大使館に行くしかない。そこに賭けるしかない。

のんびりしている日程の余裕があまりなかったため、ホテルに戻って荷造りをして、1泊もせずにお金を払ってホテルをチェックアウト。夜行バスに乗って、今度は首都アンカラへのバスの旅。二晩連続でバスの中で過ごすことになってしまった。早朝、アンカラに到着。イラン大使館へと出向く、が即日は無理とのこと。どう頑張っても数日はかかると言われる。しかし、すでに航空券を買っているため猶予はない。最後の勝負、空港のアライバルビザにすべてを賭けた。

イランの首都テヘランの空港では、50％の確率でアライバルビザが取得できるとのこと（その国の主要な空港や港、幹線道路上の国境検問所などで取得できる。外国人旅行客があまり通過しない入国地点では取得が不可能な場合もあるので注意が必要。事前に日本やその国の隣国などでビザ発給を受けておいた方が望ましい)。ダメな場合は強制出国だからシビアな世界だ。その夜、僕はイランへとビザなしで旅立った。テヘラン空港に到着。さあ、これが正真正銘最後の大勝負だ！　入国管理局の職員に、**「アライバルビザをください！」**と全力で頼み込む。……30分後、奇跡的にアライバルビザを発行してくれた。**(これでイラン入国だ！！！)**。深夜の空港で、歓喜の雄叫びを心の中であげる自分がいた。数日間の努力が報われた。

世界の『BEST OF 親切』に選ばれた国は、イラン

――根拠と教養ゼロの頭が先入観を生み出してはいませんか？

深夜だったので、朝になるまで空港のベンチで眠った。次の日、ようやくまともなベッドで眠れる日が来るのだが、実に数日ぶりの快眠だったのを覚えている。

ちなみに、興味深かったのは着陸時のこと。トルコ発で飛行機に乗った時は、みんな普通の格好だったのだが、イランに着陸するというアナウンスが流れた瞬間、周りの女性たちが、みんな頭にヒジャブと呼ばれるものを巻き（イスラム教文化圏で、ムスリムの女性が着用する、頭髪を覆い隠すためのスカーフのような布。アラビア語で『覆うもの』を意味する言葉）、イスラムの服装をし始めたことだった。

（トルコではしていなかったのに、どうして……？）

2週間もいない短い滞在だったが、イランという国は驚きの連続だった。まず、厳格なイスラム教国家であるイランでは、男女が基本的に『分けられている』のだ。公共バスも男女で入り口が異なり、一緒に座ることが許されない。その手の話でもっとも驚いたのは、ビーチも男女別らしい。そりゃ何もオモシロくないから、誰もビーチに行かないとか。

そしてイスラム圏といえば、やはり女性の服装に特徴がある。女性は身体のラインを隠すことが法律によって決められている。多くの女性は、チャドルという全身を覆う黒い布の服装か、トレンチコートのようなものを着て身体のラインを隠していた。髪を覆うヒジャブの着用も義務だ。1年に1回は政府による抜き打ちチェックもあるらしい。それなのに街中ではセクシー下着屋さんがいくつもあるのだから興味深い。つまりは、『脱いだらすごいのよ』ということなのだろうか。

多くのイラン人と交流をさせてもらったが、女性たちは服装の規定に不満を漏らしていた。

「こういう格好は信仰から自主的にするべきであって、国が強制するべきではない」

僕は驚いた。彼女が教えてくれたのだが、イランがこのように服装について非常に厳しくなったのは、1979年以降とのことだった。それ以前のイランのテレビCMを見たのだが、たしかに女性も普通に肌を露出した服装をしている。ヒジャブもつけていなかった。その理由は、1979年のイラン革命（1979年2月、パフラビー朝の国王独裁を打倒し、ホメイニーの指導のもとにイスラム政府を樹立した革命）によって新政府が誕生したからだ。国民は当時の旧政府を引きずり下ろすことには同意していたものの、新政府がここまでイスラム主義になるとは考えていなかったようで、現政府のやり方に不満を持っている人も少なくはないようだった。

イランではとても多くのサプライズをもらったのだが、何よりも驚いたのは、彼らが本当に親切だったということ。僕は世界50ヵ国を巡ったのだが、僕の中の『BEST OF 親切』はイラン人だ。地図を片手にすれば道案内をしてくれて、バス運転手にも僕の目的地を伝えてくれて、挙句の果てにはバスの乗車賃まで勝手に払ってくれていた。しかも、そんなミラクルが短い滞在期間中に3回もあったのだ。

イランに入国するまでは、正直イランって治安は大丈夫なのか？とか、まだ紛争とかしていてテロリストとかいるんじゃないか？とか、そういう根拠と僕の教養ゼロの頭が生み出した先入観があった。しかし、それらはすべて無駄な思考だった。イラン、ぜひまた訪れたい国の一つです。

「私の街には、たまにロケット弾が降ってくるけど大丈夫？」

——当たり前から解放される自由があることに気づいていますか？

イランからヨルダン王国へと移動する。この国にはキリスト教徒の人も一定数いるらしく、そこまでイスラムが色濃い印象はなかった。イランではお酒は禁止。代わりにノンアルコールビールがお店に並んでいたが、ヨルダンはお酒も呑めちゃうレベル。同じ中東でも全然違うものなんだなとあらためて実感していた。

首都アンマンを拠点に行動する。この国は常時雨不足らしく、外国人が住むような高級住宅エリアでも週に何度か給水があり、タンクに入った水を大切に使うそうだ。世界は不平等だと言われているが、天気もまた不平等だなと。僕ら日本人は、雨がたくさん降ると、それを不快にすら思う。でも、雨は僕らに必要な大切な資源。野菜も穀物もこの空からの恵みで育っている。日本には資源がないと言われているが、アフリカや中東の人たちにはない『雨』という資源を持っているんだ。

ヨルダンの観光名所、ペトラ遺跡には僕も足を運んだ。世界広しといえど、なかなかの見所だった。映画『インディ・ジョーンズ』のロケ地になったと言われている断崖絶壁の遺跡は本当に雄大で、その丘（？）を登りきって一番上から見える景色をしばらく眺めていた。あまりにも大満足だったため、自主的に帰り道はゴミ拾いをすることに決めた。その時持っていたビニール袋に入れられるだけのゴミを拾い集めていくという自分ルールだ。


ヨルダンから、そのまま隣国であるイスラエルへと向かう。イスラエルという国は、多くのアラブ国家と敵対関係にあるため、パスポートにイスラエルの入国スタンプが押されると、アラブの国に入れなくなっちゃうとか……！　まだこの旅ではドバイ（UAE）やマレーシア、インドネシアにバングラデシュなど、イスラム系の国々に訪れる予定があるので、スタンプは回避しなくてはならない。

そういうわけで、『99％入国スタンプを押されることがない』と有名な国境、キングフセインブリッジからイスラエルへ。バックパックを背負って国境へと降り立つ。すると、国境警備スタッフが近寄ってきた。

「本日、祝日のため国境を閉鎖しています。また後日いらしてください」

まさかの祝日による国境閉鎖！　こんなこともあるもんなんだなと勉強になりました。仕方ないので、泣く泣く一旦宿に戻って、翌日無事に国境を突破。

僕は、イスラエルでどうしても逢いたい人がいた。それは旅の序盤、グアテマラで出逢ったイスラエル人の旅行者だ。あれからもう、1年の時が過ぎていた。彼女も今はイスラエルに戻って、社会人として働いているそうだ。世界一周の旅には、短期旅行にはない、こういう魅力もある。旅先で出逢った人の母国を訪ねて再会することができるなんて、とても素敵なことじゃないだろうか？

さっそく、僕は彼女にメールした。イスラエルまで来たから、ぜひ逢いたいと。すると彼女から返信が。

彼女「もちろんよ！　あなたはどこに滞在しているの？」

僕「僕はエルサレムに到着したところだけれど、イスラエルは広い国じゃないから、

僕が君の街まで逢いにいくよ！」

彼女「あ、本当に？　それはすごく助かるわ！　でも、私の街にはカッサムがたまに来るけれど大丈夫？」。

『カッサム』……？　まったくもって聞き覚えのない単語だった（僕が知らない天気の呼び名で、雷とか嵐とか、そういう意味かな？）。疑問に思いながら電子辞書を引くと、カッサムが何か書いてあった。『カッサムロケット弾』。**「えっと、やっぱり別の街で再会しよう」**と、すぐさまメールを送ったのは言うまでもない。

それにしても驚いた。ロケット弾が街に飛んでくることに対してではない。イスラエルがパレスチナのガザ地区（東京23区の半分ほどという狭い面積に約150万人が暮らす）と戦争状態にあるのは理解していた。何に驚いたかというと、ロケット弾が飛んでくるとわかっている土地に、今も彼女が当たり前のように住み続けていることにだった。当たり前と化した日常から、僕ら日本人はいつでも飛び出せる。でも、当たり前から抜け出すことが簡単じゃない人もたくさんいる。イスラエルは本当に小さな国土面積しかないため、本気を出せばガザ地区からある程度のエリアは射程圏内なのだろう。

だから、イスラエルという国を出ない限り、どこにいてもロケット弾が飛んでこない保証はないからなのかもしれない。

それから僕は、彼女の実家（カッサムは飛んでこない）のホームパーティに招かれて、食事を共にした。ユダヤ教徒が多いイスラエルの家庭での食事は、イスラム圏とはまた違う不思議な空間を僕に味わわせてくれた。

家族に訊かれた。

「これまでどこの国にいたんだ？」

「ヨルダンからやってきて、その前に訪れたのはイランだ」

僕がそうと伝えると、みんな驚いていた。

「イランは危なくないのか!?」「殺されかけなかったか!?」

と。僕は言った。

「これまで僕が旅してきたどんな国の人よりも親切にしてくれた、とてもいい人たちだったよ」

彼らは、信じられないといった顔だった。それもそのはず、イランとイスラエルは強い敵対関係にあるからだ。イスラエルにいれば、当然イランについては敵国としての情報が集まってくるだろうし、逆もまたしかりだ。

ヨルダンのバスでも、隣になったアラブ人女性に**「イスラエルに行ったことある？」**と訊いたのだが、即答で**「行かないわよ。イスラエルに行ったら殺されるわ」**と返されたのを思い出した。そして、ここイスラエルの若者も同様に、**「アラブ系の航空会社の飛行機に乗ったら、ただじゃすまない」**と言っていた。一言では言い表せない複雑な関係が、イスラエルとアラブ諸国にはある。

アラブ人がくれたプライド

——僕ら日本人は、外国人に本当に優しい人種だろうか？

イスラエル側の話だけを聞いていてはダメだと思い、パレスチナ自治区のヨルダン川西岸地区、ベツレヘムやヘブロンなども訪問した。イスラエルとパレスチナ自治区の間には巨大な分離壁が存在している（パレスチナ人がヨルダン川西岸とイスラエルの間を行き来できないようにする目的で建設された壁。堀・有刺鉄線・電気フェンス・警備道路・コンクリート壁で構成されている。壁の高さは8ｍ）。その壁には多くの人がメッセージを書き残しているのだが、いくつか興味深いものがあった。

「神よ、皆あなたの子どもなのに！」と書かれた言葉は、僕の目を奪った。長く争いが続くユダヤ教徒とイスラム教徒。それにキリスト教も含めて、神様は同じだと言われている。預言者がユダヤ教だとモーヤ。キリスト教だとイエス・キリスト。イスラム教だとムハンマド。イスラム教徒の人が『アラー』と崇めるのは、『アラー』がアラビア語で神様という意味なだけであって、アラーという名前の神がいるわけではない。そう、同じ神様を崇める人々が争いをして、多くの人が命を落としているのだ。その矛盾に対してのメッセージなのだろう。果たして宗教が存在していることで、歴史上どれだけの人が救われて、どれだけの人が哀しんだのだろうか？

聖地エルサレム。最初の数日は、その裏手にあるバックパッカー御用達の宿に泊まっていた。この周辺はアラブ人居住区。宿の近くにあるカフェはWi-Fiが入るというので、そこでノートパソコンで作業をしていた。日本にいる友人とビデオチャットをし終わった頃だった。テーブルに置いていたはずのスマートフォンがない……!? ない。消えた……？　そんなことはない、単に盗まれただけだった。過去にルワンダでも携帯を盗まれ、その後タンザニアでもデジカメを盗まれていた僕はタフになっていたのか、特に心乱れることなく、ありゃ～となっただけだった。どうやらさっき、僕の右側にある窓を開けに来た人の仕業だろう。

ここで僕が騒ぎ立てるとカフェで優雅に時間を過ごす他のみなさんに迷惑になると思い、冷静に店長にだけ相談をすることにした。警察署に行って盗難証明書をもらえれば、携帯電話を購入したお金は戻ってくるはず。店長にはこう伝えた。

僕「すみません、僕が油断した隙に携帯電話を盗まれてしまったみたいでして、不注意ですみません。警察に届けを出せれば海外旅行保険に加入しているのでお金も戻ってくるので大丈夫なので、近くにある警察署を教えていただけませんか？」

店長「犯人は誰だぁぁぁぁぁあああああああああ！！！（大声）」

まさかの店長の雄叫び。店長の声に呼応するように、地元のアラブ人たちも反応。20〜30人程度だろうか、緊急捜索部隊が10秒で結成されたのだ。アラブ人のみなさんが犯人探しを始めるというので、ガヤガヤしている。僕は完全に大騒ぎにしてしまったと焦り、仕切っていたリーダー格と思われるアラブ人の若者に言った。

僕「いや、本当に大丈夫なんで！　警察署教えてもらえれば大丈夫です！」

リーダー「いいか!?　これはお前だけの問題じゃないんだ！　俺たちの仲間に旅行者から盗みを働くヤツがいるなんて許しちゃおけないんだ！　俺たちが必ず犯人を見つけ出してくるから、お前は黙ってここで待っていればいい！」

僕「……は、はい」

リーダーのあまりの勢いに、思わずイエスマンとなった僕。カフェで待つこと30分。外から力ずくで数人がかりで連行されてきたアラブ人のオッチャンが現れた。

リーダー「お前が盗ったんだろ？　観念しろ！」

オッチャン「俺じゃないって言ってるだろ！　離せよ！」

リーダー「盗んだ携帯電話を出せ」

声を荒らげるリーダー。拒否するオッチャン。その時、リーダーが一瞬でオッチャンのポケットに手を突っ込み、携帯電話を取り出して僕に突き出した。

リーダー「これ、お前のだろ!?」

僕「……それ、まったく僕のじゃないんですけど……」

あの瞬間、世界広しと言えど、僕より気まずかった人間はいないのではないだろうか。リーダーの表情が凍りつく。

オッチャン「だから俺じゃないって何度も言っただろ！　バカヤローたちが！」

オッチャンは吐き捨てるようにカフェを出ていった。

結局、僕の携帯電話が戻ってくることはなかった。でも、別にそれは最初から大きな問題ではなかった。僕は、アラブ人のみなさんの行動に強い感銘を受けた。感激した。果たして、日本に来た外国人が**「携帯を失くしたんだ、盗まれたんだ」**と言った時に、僕らは彼らのような行動を取れるだろうか？　僕も日本で困った外国人がいたならば、できる限りのことをしてあげなくてはと心に誓った。僕はちょっぴり、アラブの人たちのことが好きになったのであった。

イスラエル人が教えてくれた日本人が持つ武器

――『空気を読む力』は世界においては、貴重な能力?

イスラエルの事実上の首都と呼ばれる都市テルアビブ（イスラエルの経済・文化の中心地。中東有数の世界都市でもある。国連などはテルアビブをイスラエルの首都とみなしているが、イスラエルはエルサレムを首都だと主張している）に、僕は2週間ほど滞在していた。実は、イスラエルではシリコンバレーと同じように、多くのベンチャー企業が誕生しているのだ。常に戦争状態にあるため、軍事テクノロジーを中心に技術発展がすごい。その技術を活かしたビジネスやサービスが強みだとか。とても気になるので、インターネットで調べて、イスラエルのスタートアップ起業家が自分たちのビジネスプレゼンテーションを行う場に参上してみることにした。

そこには、イスラエルや欧米、中東から、ベンチャーキャピタリストや大学教授、起業家に大学生などが来ていた。何人かのインターネットサービスの起業家のプレゼンを聞いたのだが、共通している部分があった。それは、そのビジネスを『誰に使ってもらうか』という、ターゲティングや市場規模の説明のところだ。

なんと起業家たちは、アメリカ人やヨーロピアンをメインターゲットにしていたのだ。たしかにイスラエルは人口数百万人しかいない小さな国だが、自国でのマーケティングを行わずに最初からアメリカやヨーロッパを狙っていくとは……。僕が旅に出る前に教えられた話とまったく同じ現実が、ここイスラエルに存在した。ちなみにイスラエル人の起業家は全員英語でプレゼンを行っていた。一人だけ中年男性がヘブライ語だったが、ヘブライ語ですみませんという感じだったので、英語でプレゼンするのが当たり前なのだろう。……自分自身、身が引き締まる。

テルアビブ大学には、日本語教育コースがあった。僕は日本語を学んでいる現地の人と交流するのが好きで、これまでにコスタリカ、ブラジル、エジプト、スイス、ドイツ、ウクライナなどで日本語を学ぶ人たちのコミュニティにお邪魔させてもらった。

日本語を学ぶイスラエル人と話していて、ふと気づいたことがあった。

彼が言った。

「日本の小学校の国語テストの問題は変！　おかしい！」

と。僕は何が変なのか訊いてみた。

「だって、イスラエルやアメリカでは、テストの解答で求められるのは『筆者の意見』ではなくて、自分の意見だよ。日本のテストはおかしくない？」

なるほど……。そう言われればたしかにそうだ。僕らの教育では大学受験ぐらいまで、国語の現代文なんかは、『あなたはどう思いますか？』と問われることはなく、『筆者はこの時どう思ったと思いますか？』という設問ばかりだった気がする。

彼がwhy!?という目で僕を見つめていたので、僕は即興で回答してみた。

「日本人はね、小さな頃から家庭や学校などで、こう育てられるんだ。『相手のことや周囲のことを、まず最初に考えなさい。自分がすることで他の誰かに迷惑をかけないのかどうかを考えなさい。いつも他人の気持ちがわかる人であるように。自己中心的な考え方をしてはいけないよ』。だから、義務教育の中でも、誰かの立場になって

考えることをトレーニングしているんだよ。いつでも、どんな時でも、相手のことを思いやれる人間を目指すのが日本の教育なんだよ」

イスラエル人の彼はめちゃくちゃ驚いていたし、納得していたようだった。**「ああ、アメリカ人やイスラエル人はだから自己中な人多いのかな？」**とつぶやいていたのが印象的だった。正直、とっさにしては、よくできた話だなぁと思った。ほら、『空気を読む』というアレです。

たしかに、自己主張する能力は他国に比べると弱いのかもしれない。でも、僕らはその代わりに協調性という他国にはない武器を持っている。この協調性を最大限活かせば、世界を舞台にしても輝けるポジションがあるはず。

海外で出逢ってきたいろんな人が言っていた。「日本人は決めたことに対して、世界中の誰よりも実行力がある」と。日本が抱える問題は、**「みんなで一丸となって向かう目的地（ビジョン）が見えないこと」**だと。

これだと思う。政府や経団連でも、バシッと『俺たちはここに行くんだぜ！』と示せば、日本人は再び燃え上がるのではないだろうか？　僕らは無理に他国にはない

『協調性』を棄てるのではなく、これを活かして次に繋げていく道を考えた方がいい。

もちろん、すべての人に協調性を求めなくてもいいと思うので、バランスであるが。

まさか自分たち日本人の強みや個性を遠い異国で、日本語を学ぶイスラエル人に気づかされることになるとは思わなかった。これだから旅はオモシロイのだ。

「ドバイに1年住んでいれば、世界中に友達ができる」

――海外で働く選択肢の一つは、ドバイにある？

イスラエルから、再び陸路でヨルダンに戻る。そこからユーラシア大陸の中心とも呼ばれるドバイへ。ドバイは実にユニークでオモシロイ都市だ。高層ビルが立ち並ぶと思ったら、すぐその横は砂漠地帯。というか、そもそも砂漠に都市が出来上がったという方が正しいだろうか。

世界最大級の総面積を誇るショッピングモール『ドバイモール』は、中に巨大水族館があるし、別の巨大ショッピングモール『モール・オブ・ジ・エミレーツ』の中にはスキー場施設があるという意味不明さ。

そして何より、ドバイにそびえ立つのは、現時点での世界最高層建築物のブルジュ・ハリファ（828m）だ。内部は160階建て。108階まではホテルとマンション。上部にはオフィスと展望台が入っている。東京スカイツリー（634m）は、残念ながらブルジュ・ハリファの高さには霞んでしまうほどだ。『日本よ、これがドバイだ！』と、別にドバイの回し者ではないのですが、勢いある紹介をしてみたかっただけでした。とにかく、それほどまでにドバイは超都会だということです。ただ、アラブ国家であるため、飲酒できる場所は限られているのでお酒が好きな人にはツライかも。

バックパッカー的にも宿の値段が高騰しているのでなかなかツライのだが、大手総合商社で働く友人がドバイ駐在だったため、僕は1週間ほど彼の家に転がり込んでいた。超一等地の高級サービスアパートメントに住んでいる友人の暮らしは快適そのもの。僕も1週間だけ、なんちゃって駐在員生活を過ごさせてもらった。アパートメント付属のジムに通ったり、プールで泳いだり。部屋はインド系のクリーニングスタッフさんが清掃を全部してくれるのだからすごい。大手商社の駐在員はこんな暮らしをしているのかと思うと、正直ちょっとうらやましくなるのだった。

そういえば、アパートメントやホテルのスタッフはみんなドバイの人ではなく、インド人、パキスタン人、バングラデシュ人、そしてフィリピン人が中心だった。特にレストランなどの接客には本当にフィリピン人が多くて驚いた。高い英語レベルと、アジアのラテンと呼ばれるノリのよさがウケているのだろう。もちろん、低賃金な仕事でもフィリピン国内で働くよりはいい給与だからというのもあるだろう。ドバイはこうした外国人労働者によって成り立っている事実が興味深い。

アラブ系の人々はもちろん、アジアや欧米、アフリカからも様々な国の人たちが集っているドバイ。ドバイに1年も住んでいれば、世界各国に友達ができるとドバイ在住ポルトガル人が言っていたのを思い出す。ここはユーラシア大陸の中心であるため、飛行機の中継地点としてドバイ空港やエミレーツ航空が活躍している。余談だが、エミレーツ航空には数百人の日本人のキャビンアテンダントが働いているそうだ。海外で働きたい女性は、一つの選択肢としてありかもしれない。

そんなドバイの地の利を活かしたのが、ドラゴンマートというショッピングモールだ。正直言って、ドバイを訪れるまでまったく知らなかったのだが、2004年から存在しているようだ。

ドラゴンマートはドバイ政府と中国政府のサポートのもとでつくられた枠組みらしく、中国企業の見本市のような巨大ショッピングモールだった。中には約4000という数のテナントに、ありとあらゆる中国企業が出展していた。iPadの類似品の販売、各種携帯電話の販売、人形、おもちゃ、衣類、金属部品、工具、家具、建材、お茶など……なんでもござれ。そして安い。

ドバイはヨーロッパ、アフリカ、中東そしてアジアのどこからもアクセスしやすく、アメリカ大陸を除く世界の中心に位置している。アフリカ人が中国まで買い付けに行こうとすると、移動だけで大変な時間と費用を費やすことになる。それをドバイにあるドラゴンマートが役割を補完することで、中国に買い付けにいかなくても、ドラゴンマートで実際のモノを見て、よいと思えばそのまま中国本社に発注をして送ってもらうことが可能だそうだ。中国国外では、世界最大級の中国製品見本市であり、しかも常設だからすごい。

欧州やアフリカのバイヤーの人たちが、どこかへ行くついでに空路の中継地点としても名高いドバイに立ち寄り、時間があればドラゴンマートを眺めるという流れも想定されているはず。これは本当にやり方が上手い。日本政府の取り組みもこういった枠組みは聞いたことがなかったので、僕は驚きと同時に純粋に悔しかった。中国はこういった戦略をしっかりと実行しているのだなと感心してしまった。……と真面目に語ってしまいましたが、ドラゴンマートにはいろんな中国製品が売られていて、一般の人が訪れてもとてもオモシロく楽しめるはず。ぜひ、旅行ガイドブックのドバイ観光の定番ラインナップに加えていただきたい。

近代都市ドバイを十分に堪能した僕は、いよいよアジアへと舞い戻ることに。最初の国はインドだ。19歳の頃、初めてバックパックで旅したインド。あれから7年、インドが自分にどう映るのかワクワクしながら飛行機に飛び乗る。

エミレーツ航空は快適な空の旅だったが、インド南部の主要都市であるバンガロールの空港に到着して驚いた。飛行機の床がゴミだらけ……。未だかつてない事態だった。さすがはインド、期待を裏切らない国。いざ!

第八章

アジア

7年ぶりに、混沌の大地インドへ

――同じ国に数年ぶりに、足を運んだことはありますか？

インド南部、バンガロール空港に到着。7年前のインド旅行ではボッタクリのオンパレードだった思い出しかないが、10代の頃の自分とはさすがに違う。1年かけて中南米、アフリカ、ヨーロッパ、中東をくぐり抜けてきた自分にはなんでもござれだ！

7年ぶりにインドという混沌の大地に足を踏み出す。

インドと言えば、街中に動物が多いことで有名だ。野良牛、野良犬、野良山羊あたりは日常茶飯事で見飽きてくる。時折現れる象にはさすがにちょっと興奮する。あと、**（大きい犬飼っているなぁ）**と思ったら、熊を飼っている人もいた。動物好きだという人は、ぜひインドへの移住を検討してほしい（そんなに可愛いものではない）。

バンガロールでは北山さんという某日本企業の駐在員の方にお世話になる。身長1

90㎝クラスで、インド人に柔道を教えているという猛者だ。北山さんの隣にいる限り、さすがのインド人でも闘いを挑んでくることはないだろう。

北山家に泊めてもらった朝、突如として異変は訪れた。北山家は2階建て。僕は1階のリビング横のゲストルームをお借りしていた。北山さんの寝室は2階だ。朝起きると、なんだか**「ピチャピチャ」**と水のような音が聞こえてくる。雨でも降っているのかな？と無視して二度寝する。トイレに行きたくなって、ゲストルームから出るとビックリ！

フロア一面浸水しているうぅぅぅぅう！！！　リビングと僕の寝ていたゲストルームには段差があったため難を逃れたが、リビングルームの床上数センチは水に浸かってしまっている状態だ。慌てて北山さんを呼び出すと、北山さんも『フロアが浸水しているうぅぅ状態』に！　2人で笑いながら水を外にかき出した、インド到着後間もない朝だった。原因は洗濯機のホースが抜けていたとかで、昨夜からずっと水が流れ出ていたのだ。

まぁ、幸いほとんど被害はない……と思っていたら、僕のノートパソコンの電源アダプターが水没しているではないか……。少し嫌な予感がするが、きっと気のせいだと思い、自然乾燥を徹底的にして充電できるか試してみるが、完全にアウト。見事に壊れていた。絶体絶命のピンチ到来。ブログやコラム記事を書きながら旅をしていたので、パソコンが使えなくなるのは避けたい。しかし、僕が使っていたノートパソコン（Let's note）は日本製のため、ここインドで代替品があるとは考えにくい。

しかし、『あきらめたらそこで試合終了ですよ……？』と誰かが言っていたことを思い出し、行動することにした。ここバンガロールはインドのシリコンバレーと呼ばれるほどの街だ。きっと電化製品もピカイチのはずだ！　そう信じてバンガロール市街地で電気製品が売られていそうなお店を片っ端から訪問した。

「このノートパソコンに合う電源アダプターありませんか？」と尋ね回る。4店舗目のスタッフさんが店の奥から大量に電源アダプターを持ってきて、あーでもないこーでもないと言いながらチェックしてくれた。そして、これならいけるはず！　と出されたのがＩＢＭとデカデカと書かれた電源アダプター。まったくもって僕のノートパソコンのメーカーとは異なるが、そのスタッフの言った通りビンゴだった！

もう、めっちゃ感謝して代金を支払った。正確な金額は覚えていないが、そこまで高くはなかった気がする。良心的なインド人で本当によかった。インドでＩＢＭの電源アダプターを装備するという奇跡の復活劇により、僕のノートパソコンは息を吹き返したのだった。これでまた発信をしていける。一安心。

MISO SOUPに教えられたニッポンの可能性

――日本のブランド力の大きさを知っていますか?

この街では、大学の学園祭へ足を運ぶことに。学生時代の友人がちょうどバンガロールの大学に留学中だったのだ。彼女を訪ねに学園祭に行ったのだが、まさかの光景が目の前にあった。大学キャンパスの中庭には、いくつかブースが展開されている。その中に、『MISO SOUP』という文字を見つけた。

『SUSHI』や『TEMPURA』『TERIYAKI』などの日本語は旅中に幾度となく目にしてきたのだが、『MISO SOUP』を大々的に謳う姿を見かけることはなかった。まさかここインドで見ることになるとは……。しかも学園祭のブースで。それが、試供品を実際に食べてもらうキャンペーンだった。驚いたことに、日本企業は関係なく、とあるインドの食品メーカーが独自に開発製造しているものだとのこと。彼らがMISO SOUPを売り込むキャッチフレーズに使っているのが、『Delicious And Ridiculously Healthy.（美味しくて、とてつもなく健康になる！）』だった。

彼らは味噌の特徴をこのように説明している。『Prevent Stomach Ulcer（胃潰瘍予防効果）』『Detoxification（解毒またはアルコール依存への治療効果）』『Prevent Cancer（ガン予防効果）』『Promote Digestion（消化促進効果）』『Protect from harmful effects of Tobacco（煙草の害から守る効果）』『Anti-aging（アンチエイジング効果）』。えぇと、なんだか僕ら日本人が当たり前のように日々いただいている味噌汁が、とてつもなく偉大な健康食品のように見えてきた！

きっと、このMISO SOUPを発売したインド企業は、日本が長寿大国（健康大国）であるというブランド力を武器に、インドで広めようとしているのでは？　ちなみにインスタントで、1杯40ルピー。日本円にして約60円程度。インドでは決して気軽に手にできる価格帯ではない（チャイは1杯4ルピー）。中上流階層を狙っているのだろう。僕も実際に試食したが、日本人の僕でも美味しくいただける！　僕が飲んだ『クラシック・ミソスープ』の味は、吉野家の味噌汁の味に近かった。

本来なら、日本の味噌メーカーが積極的に海外での味噌汁の普及に取り組んでいくべきなのだと思うが、インドでは先手を取られた。このインド企業のように、日本食の健康ブランド力を武器に世界展開も狙っていける商品って、まだまだあるんじゃないかと思わずにはいられなかったのであります。

インド人との圧倒的な英語力の差

――字幕なしの英語版映画を僕らは笑って楽しめるだろうか？

北山さんの家を後にし、お次は現地インド人の自宅に泊めてもらったのだが、彼の家はゴージャスだった。まず、彼の経歴がとんでもない。

「子どもの頃に両親を事故で亡くし、ストリートチルドレンになったんだ。そこから数年、路上生活をした後、養子として引き取られた。でもその家族とはあまりうまくいかずに、また別の家庭に引き取られて育ってきたんだ」

そんな彼は30歳を過ぎ、複数の会社を経営する立派なビジネスマンとなっていた。彼の夢は、かつての自分のようなストリートチルドレンを支援したり、養子に引き取ることだと語っていたのを忘れられない。

バンガロールを出る前に、ちょうど最新映画だった『ミッション：インポッシブル

／ゴースト・プロトコル』の公開ということで、映画館に行列が。インド人女性と一緒に映画館へ観にいくことにした。映画大国インドに驚かされたことは大きく三つ。

一つ目は、上映中なのに映画のボケに対して当たり前にツッコミを入れたり、壮絶なアクションシーンの後には拍手喝采が起こったりする。静かに映画を観たいという人もいると思うが、こうした感情豊かな表現は僕好みだった。

二つ目は、上映中に突然映画が停まったこと。故障かな？と思ったら、照明も明るくなり、みんなガヤガヤと休憩を始めた。そう、トイレ休憩だったのだ。画面は一時停止状態。これ日本でも導入していいんじゃないかと、頻尿の僕は思った。

そして三つ目。これが一番予想外だった。英語の字幕が付いていなかったことだ。インドもフィリピン同様に英語を公用語とする国だが、字幕ぐらいは付いているかなと思っていたのに、ないのだから衝撃的。アクションシーンは僕もそこまで問題なかったが、作戦会議みたいなシーンは完全に僕の英語力ではついていけなかった。

インド人の英語は訛《なま》っているとか馬鹿にする日本人が多いが、少なくともあの映画館にいたインド人は、全員字幕なしでハリウッド映画を楽しんでいたのだ。もう、二度とインド人の英語を馬鹿にしないと猛省した自分がいた（各国のTOEFL平均スコアは、CBT（コンピュータ試験で300点満点）ではアジアのトップはシンガポールで254点、次いでインドが246点で2位。日本は、最下位の北朝鮮184点に次ぐ低さで188点）。

バンガロールを離れて、インド西部の大都市ムンバイへ。この街では、ナイスガイなインド人カールと、美人妻アディチの夫妻にお世話になった。カールは外資系広告代理店、アディチは外資系テレビ局勤務というエリートだ。アディチに誘われてランチに入ったイタリアンのお店は、値段が1000円ぐらいしたのだから驚いた。インド人でこの値段をランチに使える人って、どれぐらいいるんだろうか（2009年度の統計では、年間所得が9万ルピー（日本円で約18万円）以下の貧困層が全体の51・5%を占めている）。

そして、この年の最終日がやってきた。大晦日《おおみそか》には市場に出向き、魚を買ってフィッシュカレーをつくろうとなったのだが、魚市場でまさかの事態。『大晦日だから』という理由で、魚屋のみなさんが結託して、価格を通常時の3倍につり上げていた。さすがはインド。これにはアディチも怒っていたが、仕方ないということで適当に購入。大晦日にカレーを食べて、彼らと一緒にインドで、この旅2回目の元日を迎えることになった。

「ムンバイ郊外にある友人の別荘で、HAPPY NEW YEARパーティをやるから一緒に行こう！」

とても嬉しいお誘い。乗らないわけがない。20人ぐらいのインド人が大集合して、DJの音楽に合わせてダンスを踊った。

劣悪な環境のスラム街の中にも『ビジネス』は存在した

——たくましさとは、何か？

新しい年が明け、気になるインド企業のオフィスを訪問させてもらった帰り道のことだった。マクドナルドの前を歩いていると、物乞いの子どもが声を掛けてきた。

「お金ちょうだい」

いつもの調子だ。時間もあったし、僕はその子に、

「ハンバーガー食べる？　お金はあげられないけれど、ハンバーガーならご馳走するよ！」

と言って、マクドナルド店内に連れ込んだ。レジに並ぶと、周囲のインド人からジロジロと変な目で見られている。そりゃそうか。外国人が物乞いを連れてマクドナル

ドで食事って、どう考えてもオカシイだろう。

僕は気にせず、その子におもちゃ付きのハンバーガーセットを買ってあげた。そして少年には僕の話し相手になってもらうのだ。席に座って、いろいろと英語で質問をするのだが様子がおかしい。さっきまで英語で積極的に物乞いをしていたんだけれども……？


どうやらその少年は、物乞いをするために必要な単語しか知らないようだった。家族の話とかいろいろと訊いてみたいことがあったのだが、言葉が通じなくてはどうしようもない。とりあえず2人でハンバーガーをガツガツ食べた。食べ終わってマクドナルドの外に出ると、その少年の友人らしき少年たちが何人かいた。物乞い仲間のようだった。少年は、仲間に自分が持っていたマクドナルドのおもちゃを見せて喜んでいた。しかし、結局おもちゃでは彼らの人生を変えることはできないだろう。かといって、ここで僕が1万円渡せば彼らの生活は変わるのだろうか？　きっと変わらない確率の方が高いだろう。

物乞いというのはだいたいボスがいて、そのボスに搾取される構造になっている。集まってきた子どもたちは僕に再び物乞いを始めたが、僕は苦しくも彼らの横を通り抜けてその場を立ち去った。

その後、ムンバイにあるインド最大級のダラヴィスラムを一日見学させてもらった。撮影禁止のため中の様子は写真にはないのだが、記憶には鮮明に焼き付いている。世界中でいろんなスラム街を見てきたが、ここは他のスラム街とは違った。スラム街全体が工場エリアのようになっていて、ちゃんと産業があるのだ。インドの地方からやってきてダラヴィスラムで働いている人もいるというのだから驚いた。革製品を生産したり、調理器具のリサイクルをしたりと、彼らはスラム街の中でビジネスをしていた。

ただ、住環境としてはこれまで訪れたどのスラム街よりも劣悪だった。その理由は単純だが、工場のような場所で生活しているからだ。汚染された水が用水路を流れているが、どう考えても身体にはよくないだろう。また、廃棄物のゴミ山も危うい。それでもたくましくここで生きる人たちは、すごいなと思った。ここでつくられた革製品を眺めていたら、なんとも印象深い印字がされていた。『選ばれた人たちへ、世界的なファッションを』。ムンバイから首都デリーへ。

牛糞ロシアンルーレットの恐怖

──世界一怖い、リアルなゲームを知っていますか？

南アジアに広大かつ多彩な大地を広げる、大国インド。その多様性は世界一なのではないかと思えるほどに、宗教の違い、言語の違い、気候の違い、人種の違い、経済格差と教育格差、未だに残るカースト制度の名残り……混沌《こんとん》である。

そんなインドにおいて、僕ら旅人がよく知っている情報の一つに『インドでは、牛は神聖な生き物である』という常識がある。これは、多くの人もご存じの通りだ。事実、僕もインドでは驚くほど牛に遭遇するのだが、罵倒することもなく、けなすこともなく、闘うこともなく、ただただ波風を立てないように脇道を歩いて牛を避けてきた。そんな牛様が突如として僕ら人間に刃を向けてきたのだ！

北インドの旅人ゴールデンコースである、デリー↓アーグラ↓バラナシ↓ブッタガヤー↓コルカタというルートを辿る。7年前の自分がボッタクられまくった伝説のルートだ。その道中の小さな田舎町にいた時のことだった。

太陽も沈み、月の明かりが差し込んできている時間帯だった。インドの鉄道は驚くことに、『何時に来るのか』がサッパリわからない。そもそも定時に着くことの方が珍しいんじゃないかと。平気で数時間の遅延があるのが常識となっている。

駅には、いつ来るのかわからない鉄道を待つために、大きめの待合室がある。大きさはバスケットコート1面分ぐらいだ。そこにベンチが並んでいる。中には通路の脇に布を敷いて寝ているインドの方々もいる。僕もベンチに座って、荷物を抱えながら鉄道が来るのを待った。

しかし、何かこの部屋、おかしい。なんだこの違和感は……？　その違和感の原因はすぐに判明した。牛だ。インドの神聖なる動物、牛が3頭ほどこの待合室を悠々と歩いているのだ。**「ああ、また牛か。もう見飽きちゃったよ……」**。ボソッとつぶやく自分。それほどまでに牛は見飽きていた。その時点では、これからこの部屋で恐怖のゲームが始まろうとは予想だにしていなかった……。

数分が経つ。相変わらず、3頭の牛が悠々と待合室を歩いている。時折、僕のベンチの目の前を歩いていく。かなり近い。僕の足先30㎝を歩く牛もいる。まぁ、言ってもライオンではあるまいし、牛に怯《おび》える必要などない。そんなことを思っていた時だった。牛が、突然歩くのを止めた。そして、次の瞬間。

「グワァァアッッッ!!」。大量の脱糞を始めたのだ！ 隣のベンチに座っていたインド人が思わず声をあげた。彼の足元には1頭の牛の糞が。たかが1頭分。しかし、それはとてつもなく膨大な量だ。間違いなく数kg級。その膨大な量の牛糞がわずか1、2秒で一斉射出されるのだ。一人の人間の戦意を喪失させるのには十分すぎた（動物の一日当たりのうんこ量【ゾウ】100kg【サイ】40kg【牛】20～45kg【馬】15～25kg【ヒト】150～200g。日本の家畜のデータなので、インドの野良牛と事情は違うと思うが、参考程度に……。

《参考》JACCネット）。

見事、脱糞ゲームの的になった彼だが、幸いにも足元に置いていた荷物に被害が及んだだけだったようで（それだけでも相当キツイが）、その場から逃げるように立ち去った。そして、ベンチはもはや人間が座れる場所ではなくなっていた。たった数秒の出来事によって、人類は牛に屈服したのであった。人類vs牛。完璧な人間の敗北だった。こんなにも雄々しく勝利をつかんだ牛を見たのは生まれて初めてだった。もし自分が隣のベンチに座っていたら……、ゾッとした。

牛は何事もなかったかのように、再び悠々と待合室の中を歩き始めた。僕は気づいた。これは逃げることのできない恐怖のゲームなのではないかと。3頭の牛が相変わらずグルグルと歩きまわり、時折すさまじい量の脱糞をする。しかし、外は寒いし、暗いし、ベンチがあるのはこの待合室だけだ。だから僕を含めたインド人のみなさんも、結局は牛がいるこの部屋に居残る。そう、これは脱糞ロシアンルーレットだ。こんなにも怖いゲームがこの世界にあったとは。

ありがたいことに、牛は僕の逆側を中心に攻め始めたようだ。気を紛らわせるかのように、手持ちの文庫本を開いて読書に励む。そうして十数分が経った頃だった。本の世界に入り込んでしまっていた自分。人間とは都合のよい生き物だ。恐怖心は忘却の彼方だった。気づくと、目の前に黒い影が。

（ヤツだ！）（しかも、なぜか立ち止まった……）（こ、これはまさか⁉）。

一気に全神経が緊急態勢の信号を発信。脳内に、『ヤバイ』というフレーズが全速力で駆け巡る。足元には、1年以上旅を共にしてきたバックパックが。戦友とも呼べるバックパックをここで失くすわけにはいかない。威嚇して遠ざけたいところだが、牛は神聖な生き物。外国人である僕が手を出したら外交問題になりかねない。し、しかし、このままでは僕の戦友が無様な最期を遂げることになる。それだけは避けたい。しかし、親日国インドの国民感情を僕が牛を威嚇するだけで崩してしまったら、とても日本に帰国できない！　うわああああああ！（牛が目の前に立ち止まってから、ここまで2秒）。

諦めかけた瞬間、何者かが目の前の牛に上段蹴りを喰らわせたのだ。よろめく牛。そこに追い打ちをかける勇者、渾身の一突き。牛は立ち止まるのをやめて、逃げるようにその場を離れていった。人類が勝利した瞬間だった。

勇者の正体は、僕の横で寝ていたインド人のおばあちゃんだった。インド在住なら弟子入り志願するレベルに感動した。助かった……。だがしかし、牛は神聖な生き物ではなかったのか⁉　威嚇だけならまだしも、ガチで蹴っちゃっていいんだろうか。頭の中に混乱が走る。すると、そんな疑問を吹き飛ばすかのように、少し離れたところでも、青年が接近してきた牛に派手にパンチを浴びせていた。

……ああ、そういうことなのか。僕はこの旅でまた一つ、積み重ねてきた先入観を取り除くことに成功した。世界には、まだまだ知らないことが多くある。なんてオモシロイんだ。ようやく来た列車に乗り込み、僕は次の街へと向かった。

こびりついてしまっていた固定観念の正体

――『平均』という概念が通用しない世界がある？

その後、ガンジス河の流れる街バラナシ（ガンジス河近くで死んだ者は、輪廻から解脱できると考えられている。このためバラナシには、インド各地から多い日は100体近い遺体が運び込まれる。バラナシは別名「大いなる火葬場」とも呼ばれており、年中煙の絶えることはない）に滞在した後、ブッタガヤーへ。7年前は元気よくガンジス河を泳ぎまわったのだが、今回は泳ぐことはなかった。デリー、アグラ、バラナシ、ブッタガヤーと観光客のゴールデンコースを旅していて気づいたのは、すごく疲れるということ。バンガロールやムンバイには観光客がそこまで来ないため、ボッタクリのインド人もあまりいなかった。とても平穏な日々を過ごしていたのだが、北インドはやはり面倒くさい。

そこで、僕はルートを変更することにした。ブッタガヤーからインド東部の大都市であるコルカタまで、某ガイドブックに1ページも載っていない街に向かうことにした。僕の予想は的中で、訪れてみた『ランチ』という街と『タタ』という街には、面倒くさいボッタクリインド人は一人もいなかった。むしろ、純粋に日本人に興味を持って接してくれる高校生が話しかけてきたりして、とても楽しい時間を過ごすことができた。

それ以降、北インドを旅する予定の日本人に遭遇したら、ガイドブックに紹介されていない街へ行くことをひたすらオススメしている。なぜなら、そうじゃないと本当のインドの人たちの姿が見えにくくなるからだ。もちろん、全員本当のインド人なんだけれども、どうしても偏ってしまうだろうから。

夜行バスに乗ってコルカタへ。コンセントが各席に付いているのだが、まったく充電できないただの飾りで、さすがインドと思いつつ、到着。

拠点はサダルストリートという安宿街。辺りには路上チャイ屋がたくさんある。インドのミルクティー、チャイ。1杯4ルピー（約9円）。飲み干した後、素焼きの容器は、路上に叩きつけて捨てる文化だ。これが見事に粉々に割れるのだ。もったいないから再利用しようとしたら、**「この容器をつくって生活している人がいるのだから、あなたは割らなくてはならない」**と言われた。

僕は、1泊数百円の安宿に泊まっていた。ガイドブックに書いてある値段よりも宿の値段がかなり上がっていたので、観光客に有名な宿だからボッタクリ価格なだけだろう？　もっとインド人が泊まる用の安宿があるのではないか？と考えた。

そして、知り合ったインド人実業家のスリマンタさんと街を散策しながら、安そうな宿を見つけてはフロントのインド人に**「1泊いくらですか？」**と尋ね歩いていた。

しかし、戻ってくる返答は、いずれの宿も1000円以上の価格帯。どう考えてもインド人に出せる価格じゃないはずなのに、この価格設定は何なのだろう。僕が外国人だからか？　スリマンタさんに投げかけた。

僕「いやぁ。あの宿、1泊1000円って提示してきたけれど、ボッタクリ価格なのかな？　普通のインド人には払えないよね」

スリマンタさん「1000円が高いか……。君は今、いくらの宿に泊まっているん

だい？」

僕「今は1泊数百円だよ。バックパッカーが集まる安宿街では一番安いんだ」

彼は続ける。

スリマンタさん「えっ……1泊数百円!?　そんなところに泊まっているのか！（笑）僕はそんなところ泊まったことないよ（笑）。いいかい？　もちろん、普通のインド人には1泊1000円は払えないとしよう。でもね、インドの5％の人はそれなりにお金を持っているんだ。インドの人口は12億人だろ？　つまり、5％でも6000万人いる。その6000万人にとって、1泊1000円は当たり前に払える金額なんだよ。これがインドという国なんだ。そもそも貧しい人たちは旅行もしないから宿の顧客ターゲットではないからね」

インドという国を完全に見誤っていた自分に気づいた。7年前にインドのことが何もわからなかった自分とは違う旅をしようと心に決めていたのにもかかわらず、結局、全然わかっていないことばかりだったんだ。

誰かが言っていた。インドという国は、一つの大陸のようである。否、一つの惑星のようである、と。それほどまでに多様性豊かな国なのだ。そのことを忘れて、インドに対して変な固定観念を持っていた自分を恥ずかしく思う。もちろん細かく言えば日本だって、どこの国の人だって、異なるバックグラウンドを持っている。

インドでは、『平均』という言葉が無意味なのだ。統計データが算出した『平均』の裏側にあるモノを読み取れる視野が求められるんだ。

7年前のインドと7年後のインド

――大切なことは、『どこへ行くか』それとも『誰と出逢うか』？

7年前、初めてインドにやってきた19歳の僕では、何も知ることのできなかったインド。今回あらためてわかったのは、インドという国を完璧に理解しようなんて無謀であり、外国人である僕には一生かかっても難しいということだった。

世界は常に変化している。僕がこの旅で観てきた景色も、文化も、ルールも、何もかもが数年後には変わっているのかもしれない。いや、きっと変わっていくのだろう。それはインドに限らず、どこの国だって同じだ。常に変わりゆくのだから、僕が旅をして自分で観て得た経験も、数年経てば古い情報となっていく。僕が知っている世界はあくまでも2010年から2012年の世界でしかないんだ。

僕ら旅人が少しの期間そこに滞在して知ることは、限られている。でも、もしその土地のことをよく知る友達や知り合いがいたらどうだろう？

7年前のインドと今回のインド。決定的に違ったのは、僕の勘違いを気づかせてくれた『人』がいたことだ。7年前だったら、勝手に自分なりの解釈で、「この国はこうなんだな、うんうん」と自分の目で見たモノだけを真実として、納得していただろう。スリマンタさんがいなければ、僕はまた勝手にインドをわかったフリしていたのだろう。

土地のこと、都市のこと、国のことをよく知るためには、現地の人に尋ねるのが一番だ。そう思って、僕は人との出逢いを求め、ずっと旅を続けてきた。大切にしてきたことは、『どこへ行くか』よりも『誰と出逢うか』だった。

世界遺産や現地の食事ももちろん楽しみだったけれど、それ以上に現地で出逢える人との交流が一番の旅の醍醐味だった。もっと多くの人に出逢えそうだなと思った国では、滞在期間を常に変えながら旅をしてきた。出逢いの中から多くのことを学び、教わり、気づかされてきた。インドまで旅をしてきて、あらためて自分の旅のスタイルはこれでよかったんだと思えた。いや、これがよかったんだと。

今の僕には、世界中に友人がいる。世界中に一緒に遊び、笑い、語り合った友達がいる。変わりゆく世界のことは、彼らに尋ねたらきっと喜んで教えてくれるに違いない。

コルカタから北上し、陸路でインドから隣国バングラデシュへと抜ける。バングラデシュにはあまり外国人がいないようで、まるで自分がアイドルになったかのように写真を撮られまくった。デジカメではなく、写真はみんな携帯電話で撮っている。アジア最貧国の一つと言われているバングラデシュでも、1000円から2000円程度でカメラ付き携帯電話が手に入る時代だ。貧しい家庭の場合、小さい頃の自分の写真がなく、自分の子どもの頃の顔を思い出せない人が世界にはたくさんいると聞いた。そう考えると、安価なカメラ付き携帯電話というのは、本当に人々の人生を変えたといっても過言ではないのかもしれない。

意外だったのは、グラミン銀行（2006年にノーベル平和賞を受賞した銀行。農村部の貧困層を主な対象として、無担保で低利の少額融資を行い、自立を支援する。社会的企業の典型的な成功例とされている）をはじめとするマイクロファイナンス（貧困者向けの『小口（マイクロ）金融（ファイナンス）』の総称。貧しい人々に小口の融資や貯蓄などのサービスを提供し、彼らが零細事業の運営に役立て、自立し、貧困から脱出することを目指す金融サービス）については、賛否両論かなり意見が分かれているとのことだった。貧困層が貧困から脱する手法として世界的に注目を集めているのだが、そう簡単なものではないらしい。

バングラデシュにしばらく滞在した後、東南アジアのタイへと移動。バンコクの発展っぷりに驚くと同時に、日系企業の進出度合いや、ラーメン屋の充実っぷりに幸せな日々を過ごした。今さらながらにスキューバライセンスをタオ島で取得し、そのままマレーシアの首都クアラルンプールへ。ここもまた予想以上の都会だった。1年半ぶりにフィリピンを訪れ、インドネシアのコンビニで虚しく27歳の誕生日を迎える。シンガポールに滞在した後、再びタイに戻り、そこから陸路でカンボジア、ベトナムへと移動。風邪かなと思ったら熱が下がらない。細菌性炎症と診断され、人生初の点滴と入院を経験する。医師も驚くほどの回復力で即退院し、次の街へ、次の街へとベトナムを北上していき、陸路で中国へ入る。それから香港に入って、香港人の知り合いと10年ぶりの再会をした後に台湾へ。フィリピン留学時代に仲良くなった友人が働いていたので一緒に過ごし、再び中国は上海へ。そこから南京、北京と駆け上がり、韓国のソウルへと向かった。ソウルでは世界一周中に知り合った韓国人の旅人との再会を楽しみながら過ごし、最後の都市プサンへ。

インドのバラナシの宿で偶然一緒になった日本人旅行者の方と一緒に、プサンのサウナへ。彼はプサンにある大学で日本語講師をしているそうで、日韓のアレやコレやについてとても詳しい人だった。この旅で、海外で過ごす最後の夜はサウナとなった。何を話していたかは覚えていないが、きっと日本でまず何をしたいか、何食べたいかとか、そんなことを話していたのだと思う。朝方、サウナを後にして、フェリー乗り場へと向かった。そう、ここプサンから博多まではフェリーが出ている。数時間で日本に到着してしまうのだから呆気ないものだ。

1年10ヵ月ぶりの日本が、いよいよ近づいてくる。インターネットでニュースをチェックしているからか、久しぶりな感覚がしなかった。

第九章

帰国、その後

帰国後、世界一の絶景へ

――僕たちの旅の終わりは、どこだろう？

あっという間に、フェリーは博多港へ到着した。案の定、博多港の入国管理で荷物をすべて取り調べチェックされた。1年以上の長旅に出ていた旅人はだいたいこうなるらしい。検査を終えて、満を持して日本の空気を吸い込んだ。福岡在住の友人が出迎えにきてくれたので、日本帰国一発目は、博多とんこつラーメンを食べにいった。夜は水炊きを食べて、マンガ喫茶に泊まった。久しぶりに日本の携帯電話の電源を入れた。メールボックスが満杯になるほどのメールが届いていたが、すべて出会い系の迷惑メールだった。

僕の実家は東北、宮城だ。そこまでヒッチハイクで帰ることを決めていたので、福岡からヒッチハイクの旅をした。こんな汚いバックパッカーを乗せてくれたみなさんに心から感謝。僕を乗せてくれた心優しい方々が、乗車後に訊いてくれる質問。

「おー、ヒッチハイクなんて珍しいね！　君はどこからやって来たの？」

僕「世界一周して、実家までヒッチハイクで帰ろうと思いまして！」

このやりとりを何度も繰り返し、気づけば故郷である宮城県の蔵王町へと着いていた。待ち合わせ場所で待っていると、一台の車が向かってくる。見慣れた我が家の車、オカンだ。そして数日間、2年ぶりに実家での家族との再会を楽しんだ。この旅の最後の目的地は実は正確には実家ではなかった。宮城県の某所にある、とある場所を旅の締めくくりにしようと決めていた。

高校生の頃、まだ東京の大学に進学する前にオカンに連れられて訪れた場所。たしか6月の終わりだった。そこには野生のホタルがいた。それまでにもホタルを観たことはあったけれど、せいぜい道端に数匹いるぐらいだった。しかし、目の前にあったのは数百……いや、千を超えるほどのホタルの群れ。優しい黄緑の光を放ちながら、空中を浮遊している光景。それはまるでプラネタリウムのように、僕の周りを360度、ホタルが包み込むという幻想的な空間だった。生まれて初めて目の前にした絶景に心を奪われ、言葉を奪われ、ただただその光景を眺めていた自分がいたことを鮮明に覚えている。

だから、僕はこの旅の締めくくりにあの場所を選んだ。あの場所は、世界50ヵ国の数々の絶景を観てきた自分であっても、負けず劣らずの絶景だと確信していた。あのホタルたちが現れる6月の終わりを目指して日本に、故郷である宮城に戻ってきた。そして、「世界一周してきたけれど、世界一の絶景は僕の故郷にありました！」と宣言して締めくくる自分の姿を勝手に妄想していた。

実家で数日過ごした後、オカンと再びあのホタルの場所へと向かった。その森の入り口に立ち、いよいよ自分の旅が終わるんだと胸が高鳴った。2年間に及ぶ、世界旅行のフィナーレだった。走馬灯のようにこれまで旅してきた記憶の断片が思い出される。

いよいよだと、森に踏み込んでホタルの群れがいるポイントまで歩く。前方に黄緑色の光が揺れ動いているのが見えてきた。とっさに目をギリギリまで閉じて、できるだけ観ないように歩いた。一番いい場所まできたら目を開いて、あの高校生の頃に心奪われた絶景を味わいたいと思っていたからだ。しばらくして、おそるおそる目を開く。すると、そこには想像できない光景が広がっていた。

「ホタル、あんまりいねぇ！！！」

用意していた最後の旅の締めくくりのセリフは、哀しくもお蔵入りとなってしまった。どうやら今年はあまりいなかったようだ。森を離れる時、「また来年な」と言われた気がした。もちろん、完全に気のせいだ。また、必ず観にくる。そして世界一の絶景が僕の故郷にあるということを誇りに思わせてほしい。こうして、僕の旅の終わりは見事にオチた。

旅の間、毎日のように常に発信を続けていたTwitter。Twitterで旅の終わりを宣言すると、たくさんの人から反応が。「毎朝、起きてから会社に行くまでの時間に@mohidekiさんのツイートを見て、自分も旅をしている気分にさせてもらっていました。本当にありがとうございました！　おかえりなさい！」。こんな反応が来た時、なんでか涙が出そうになった。ああ。自分の旅は、自分一人だけのものではなく、たくさんの人と繋がっていた旅だったんだなって。無事に生きて、日本に帰ってきて、**「た**

だいま」って言える、そんな『当たり前』に感謝。

実家を離れ、東京へと向かう。大学時代から東京に住んでいたため、仲の良い友人も、起業して苦楽を共にした仲間も、みんな東京にいる。とりあえず、何も考えずに日本に戻ってきたことをみんなに伝えたくて、帰国報告会を企画してみた。帰国後カンパの意味合いを込めて有料だったのに、告知開始後、1日もたたずに200人以上の人からエントリーをもらったのには驚いた。結局、数日後には300人を超える人たちからエントリーをもらった。これには本当に驚いた。報告会を終えて、2年ぶりに再会する友人と語らい、お世話になった先輩に挨拶へとまわる。

帰国直後、誰かが僕に言った。「君は2年旅をしていたのだから、帰国後半年は旅人と名乗っていいんじゃないか?」。なぜかそれが僕の中の基準となり、帰国してから半年は旅人を名乗ることに決めた。つまりは、半年以内に次の一歩を決めるということ。ありがたいことに帰国してから、いろいろとオモシロイ仕事の話をいただいた。ただ、やっぱり僕は自由が好きなのだと思う。結局、再び起業することに決めた。

世界を舞台にして、働く

――思考の枠を『日本』から『世界』に広げて生きるとは?

まずは新しい生活を始めることにした。知り合いから紹介された『ソーシャルアパートメント』というオモシロそうな居住スタイルが気になり、引っ越しを決め、約2年間のノマドライフにピリオドを打った。久しぶりの定住生活が始まるらしい。もうパッキングをしなくていいという当然の事実が少し寂しく思えた。

2年間、バックパック一つと、サブバッグ一つで生活してきた自分の引っ越し。結局、新居の部屋にバックパックを置いて、あっという間に完了した。生きることに本当に必要なものは、バックパック一つに収まるものだなと思った。

さて、これから何をしようか? 世界50ヵ国を旅しながら、世界中のリアルに触れてきた2年間。その中で、僕が思う日本の課題は『世界を舞台に闘える人材が不足していること』だった。

旅先でいろんな場面に遭遇し、現地の人の話を聞くにつれて、グローバル市場において、日本はモノ（技術力・商品サービス）ではなく、ヒト（営業・マーケティング）で負けているのではないかと考えるようになった。

それでは、現在海外に出ている日本企業や日本人が全然ダメなのか？　優秀な人間がいないのか？　否、優秀な人もたくさん海外に出ている。ただ、まだまだ数が足りていない。数という点において、日本は圧倒的に負けているんだ。世界を舞台に働く韓国人は、日本人の倍以上。中国人はもっと多いだろう。もったいないことに、日本人は自分たちのよい商品やサービス、技術を世界に売り込みきれていない。


一方で、僕は日本人ほど仕事熱心で頑張れる人たちを知らない。間違いなく日本人には『仕事ができる人』が多い。ただ、その能力を海外で発揮するために必要な語学力が世界水準に遠いのがネックだ。逆に言えば、そこを克服していくことができればチャンスはまだまだあるということ。

……僕のやるべきことが見えてきた。もっとたくさんの人に『語学力』を授けたい。

語学力を身につけることで、優秀な日本人は、活躍できる舞台を日本から世界へと広げることができる。単純に海外旅行においても、もっと深いコミュニケーションを取ることができるようになる。

『たかが英語』だが、『されど英語』だ。日本には数多くの語学学習者がいるが、ほとんどの人が結局話せないままだという。しかし、英語偏差値39程度だった僕でも、3ヵ月間のフィリピン留学で語学力を大きく底上げし、生まれ変わることができた。英語アレルギーだった自分から脱却し、世界中の人とコミュニケーションを取ることができた。

僕は、フィリピン留学の口コミサイトを立ち上げることに決めた。まだまだ普及しきれていないフィリピン留学をもっと日本人に活用してほしい。語学学校のリアルな情報の不足。学校選びのミスマッチ。それが業界の課題だったため、実際に留学を経験した人たちの口コミで課題解決に挑むことにした。2012年12月のことだった。

ただ、僕はアイデアから事業を考えることや営業するのは得意だが、WEBサービスをつくったことは人生で一度もなかった。ダメ元で、FacebookやTwitterで一緒にサイトをつくってくれる仲間を呼びかけたところ、偶然同じソーシャルアパートメントに住んでいた人が**「手伝いますよ！」**と声を掛けてくれた。

　他にもロゴをデザインしてくれたデザイナーさんや、システムの裏側をつくってくれたエンジニアさんなど、多くの人たちのサポートがあって2013年4月にβ版を一般公開することができた。サービス名は『School With（スクールウィズ）』だ。サイトのURLは『http://schoolwith.me』。『.me』で『学校と私』となる。フィリピンに100以上ある語学学校の中から、自分に合った学校選びをしてほしいと願い、名前をつけた。

　2013年7月には株式会社スクールウィズとして法人登記し、2014年の7月現在では、多くの人たちの学校選びに役立つWEBサービスへと成長してきたことを嬉しく思う。


　現在、僕は数ヵ月に1度フィリピンへ出張している。今後はフィリピンだけではなく、オーストラリアやカナダ、アメリカなどの欧米留学地も訪れたいところだ。もちろん、『School With』をフィリピンだけでなく、欧米エリアにも拡大していくためだ。

そして、利用ユーザーも日本人だけでなく、留学が盛んな韓国人や中国人はもちろん、世界中の人たちに使ってもらえるようなグローバルサービスへと成長させていきたい。僕らのサービスが世界中に広がったら、堂々と仕事で世界二周目に行ってやろうと思っている。

僕は未だ、世界を舞台に活躍できる人間になれたとは言えないが、その道の途上にいる。世界一周が、僕の人生にどれだけポジティブな影響を与えてくれたかは、これからの人生をかけて全力で証明していきたい。

僕らはまだ、世界を1ミリも知らない

――その1ミリも知らない世界には、どれだけの可能性があるだろう？

19歳の頃、インドのことを1ミリもわからないまま帰国した僕は、結局、2年間の旅を通して、世界のことをどれほど知ることができたのだろうか？

正直に言って、僕はまだ、世界を1ミリも知らないと思う。ただ、これは決してネガティブな表現ではない。それほどまでに世界は広く、多様性と可能性に満ちているということを学んだからだ。僕ら日本人は、『グローバル』という言葉を聞くと、ネガティブなイメージが頭をよぎることがある。けれども、この世界には僕らをゾクゾクさせてくれる可能性と選択肢、まだ見ぬ出逢いがあふれているんだ。

これからの時代、人生の舞台を日本に限定するのはもったいないと僕は思う。自分のやりたいことや学びたいこと、極めたいこと。それらを世界のどこに行ってチャレンジすることが一番オモシロイ選択なのか想像してほしい。

この世界には70億人もの人がいて、世界の広さは日本の数百倍。日本人や日本という枠を超えて、いつでも、誰とでも、好きな場所で、好きなコトやオモシロイコトを仕掛けていける時代を僕らは生きている。『日本がヤバイ』からではなく、『世界がオモシロイ』から僕らは動いていくんだ。

僕は、この旅で多くの出逢いに恵まれた。世界中で一緒に遊び、笑い、学び、語り合った出逢いが一番の財産だ。その出逢いが、僕の頭にあった真っ白な世界地図を色鮮やかに塗り変えてくれた。僕がまだ1ミリも知らない世界は、彼らに尋ねたらいい。そう思う。

おわりに

旅を終えてから約2年が経ち出版される本書の情報は、もしかすると、すでに古びているものも多いかもしれません。それほどまでに世界は常に変化しています。2年前、僕が出逢った人たちは、文字通り世界を股にかけて活躍しています。バルセロナでお世話になったカミラは今シンガポールで働いていて、インドのムンバイで仲良くさせてもらった夫妻も、今はマレーシアで働いています。パリで奇跡の再会をしたデンマーク人のクリスチャンはアイルランドで働いているそうです。

僕らの時代は、世界を舞台に生きていく時代です。彼らだけでなく、世界中の若者を中心に、国境を越えて生きる人たちが増えていくことでしょう。人生のカタチも、旅のカタチも人それぞれ。僕が偉そうに『こうすべき』とは言えませんが、『こんなんもありでは?』と投げかけることは大切だと思っています。

ひとつ、旅の間に好きになった言葉があります。「The World is smaller than we think.(世界は、僕らが思っている以上に小さい)」。まさにその通りだなと。飛行機でどこへでも行ける時代に変わり、世界の物理的な距離感は大きく狭まりました。だからこそ、これからの時代は世界の『広さ』を知ることよりも、世界の『深さ』を知ることにみんなの関心が集まるのだと思います。「The World is smaller than we think. However, It's deep.」へと。本書を通して、日本にいるとなかなか気づくことができないたくさんの発見を1ミリでも伝えることができたならば本望です。

本書を執筆するにあたってお世話になった編集のみなさん、会社のみんな、友人、諸先輩方、家族、そして世界中で出逢ったすべての人に感謝の気持ちを。

さて、この本もいよいよおしまいです。僕の世界旅行記、楽しんでもらえたでしょうか？　最後に、よく使っていた旅先での別れの言葉を。

「See you someday, somewhere, somehow in this small world.」
いつかまた、この小さな世界の何処《どこ》かで、どうにかして再会しよう！

太田英基

解　説——この本は世界のリアルを知る、最高の教科書である

四角大輔

「最近のワカモノたちは内向き志向だ」

そうオトナたちは言う。

理由としていつも挙げられるのは、昔に比べて海外の一流大学へ留学する日本人の数が激減したという事実。さらに、「覇気がない」「草食だ」「甘い」など、多くの否定の言葉が若い世代に投げかけられる。

そんなオトナに言いたい。「僕らはまだ、若者たちを1ミリも知らない」と。

実はいま、多くの若者たちが世界一周、もしくはそれに近い形で海外に出ている。１９７０年生まれの僕が学生のころ、世界を回る豪傑なんて同世代には皆無だった。

我が人生を冷静に振り返ると、その半分近くを、日本の10〜20代と密に接する時間に費やした。

ニュージーランドに移住するまで、新卒で就職したソニーミュージックと、後に転職したワーナーミュージックに計15年間勤務。そこでプロデュースしたアーティストのほとんどが20代前後だった。CHEMISTRYもSuperflyも20代。最年少は、当時16歳の絢香だったと記憶する。最初にプロデュースした平井堅も、出会った時は20代だった。

そして、２００７年から非常勤講師を務める上智大学では、これまで３０００人以上の学生たちと出会ってきた。２００９年には、京都精華大学で期間限定の〝クリエイティブと表現〟をテーマにした授業を受け持ったり、最近は毎年5から10校。多い年で20校の大学に呼ばれるので、１年間に千人単位の彼らとコミュニケーションを取っていることになる。

そんな少しばかりの、僕の経験から断言できることがある。彼らは、オトナ世代に比べて、とてもナイーブで打たれ弱いけれど、驚くほどクリエイティブかつエシカルであるということだ。オトナたちがいつの間にか背負いこんで抜け出せなくなっている〝古いジョーシキ〟や〝無意味な思い込み〟に縛られることなく、身軽で、リベラルで、自由な発想を持っている。

さらに彼らは、異常なマネー原理主義が地球環境と人間を破壊していることを嫌い、不確実な人類の将来を自分たちが背負わされることに、本能的な危機感を持っているのだ。それは、きれいごとではない本質的な道徳観だ。

物心ついたころから、インターネットという情報革命に触れてたデジタルネイティヴの彼らの、思考法と価値基準は、僕らのそれとまったく違う。オトナが作ってしまった、いまの閉塞《へいそく》的な日本には希薄になっている、ゾクゾクするような「未来」を、彼らのアイデアと行動に感じるのだ。

そんな日本のいまの若い世代を代表するのが、この本の著者、太田英基くんだ。

彼の名前をはじめて耳にしたのは、ちょうど上智大学で講師をはじめたころ。

学生時代に『タダコピ』という斬新なサービスを立ち上げた、イノベーティブな若手起業家がいると、ひとりの教え子が教えてくれたのだ。

それは、コピー用紙の裏に企業広告を掲載することで、学生たちが無料でコピー機を使える画期的な仕組みで、いまや全国200以上のキャンパスで展開されている。その会社は、学生相手に特化した複数のサービスを次々とローンチしては成長を続け、いまでは30名を擁する規模となっている。

しかし彼は、起業から5年経《た》ったころ、仲間たちとそこまで育てた会社をアッサリと手放し、バックパックひとつで、世界一周の旅に出ることに。〝安定至上主義〟に囚われた哀しきオトナたちには理解できない行動だろう。

彼の存在をはじめて知ったとき、強烈な衝撃を受けた。「会ってみたい！」と強く思ったことを思い出す。

しかしその後、僕の教え子や周辺の学生たちが、続々と在学中に起業する姿に遭遇することになる。ボランティアやＮＰＯに積極的に従事する学生社会活動家や、Ｗｅｂや動画といった新しいメディアで表現活動にのめり込む学生クリエイターなど、僕の学生時代には考えられないほどクリエイティブな若者たちが、次々と目の前に現れるようになった。

そうやって、僕の〝日本の若者イメージ＝クリエイティブ〟なるものが構築されていったのだが、太田くんの存在こそが実は、その先駆けだったのだ。

そしてある日、Facebookメッセージ経由で、出版社から太田くんの新刊の推薦コメントを書いて欲しいとの依頼が舞い込んだ。もちろん「やります！」と即答。メールで送られてきた。まだ完成前のゲラのＰＤＦデータをiPadに転送し、夢中になって読んだ。こんな切り口での世界一周があるのかと、ワクワクが止まらなかった。

この著書のストーリーは、彼が自身の会社を退いたあとの、２年間にわたった世界一周でのエピソードを中心に展開する。

ただし、これは単なる旅行記ではない。

彼は、観光という観光はほとんどせず、人に会いまくるのだ。呼吸をするようにネットを自由自在に駆使し、行く先々で「世界という舞台」で活躍する日本人にアポを取り、インタビュー的アプローチで取材を行う。そして、自ら「サムライバックパッカー・プロジェクト」と名付けたWebメディアを立ち上げ、旅先からレポートを発信する。

若き起業家が、世界のリアルと対峙《たいじ》しながら、起業のためのヒントをかき集めようと奔走する。もがき悩みながらも、体験と情報を統合して自身のハードディスクとOSにインストールする。頭脳をフル回転させ、移動しながら表現し、世の中にシェアし続ける。

彼の旅のスタイルも、生きざまも、強烈だ。圧倒的におもしろくてエキサイティングだ。これより楽しい旅の方法があったら教えて欲しい。

最終的に彼は、世界旅行の冒頭に体験した、フィリピンでの英語留学を新たなビジネスとして選ぶことになる。そして、見事に2度目の起業を果たし、資金調達も成功させることに。

そこには「英語ができれば旅はもっと楽しくなる」「優秀な若い日本人に世界水準の英語力を提供したい」という、彼が旅と人生で培った、説得力のあるメッセージが込められている。彼は常に、起業というツールをもって、表現活動をしているのだ。

最後に。

ニュージーランドと日本を往来するグローバルノマドとして、僕からのアドバイスをひとつだけ。

太田くんも書いているように、いまや日本語以外の語学力は絶対だ。

日本語しかできないということは、太平洋に浮かぶあの小さな島国の外へ出られないということを意味する。この本を手にした君がもし40歳未満で、日本語しかできないのなら、どこの言葉でもいいので、今日からすぐに外国語の勉強を始めて欲しい。

もし、興味のある外国語がないなら、僕は自信を持って英語を薦める。

昔から英語を話す人口は世界一多かったが、この10年間の、途上国を含めた世界規模のインターネットの爆発的な普及によって、第二外国語として英語を使う人口は数倍にふくれ上がり、英語の必要性は20年前の100倍以上に増している。

なんと言っても、Web上のサイトの大半が英語という事実。日本語のサイトの割合はわずか1〜5%と言われている。

つまり英語さえできれば、出自や学歴など関係なく、誰もが世界中の情報にアプローチでき、世界トップクラスのコンテンツに触れることができるのだ。実際に、各業界の先陣を切るような日本企業では（旧態依然とした大企業ではなく）、採用の際に、高学歴な人間よりも、英語力とネットリテラシーの高い人間を採用する傾向が年々高まっている。

英語ができなくても生きていけるし、世界は旅できる？

もちろん、それは間違っていないかもしれない。でもそのままだと、旅先で出会う〝親友やビジネスパートナー、もしくはクリエイティブパートナーになる可能性のある仲間〟と語り合うこともできないし、旅も、その表層をフワフワと漂っているだけのものになり、決して深まらない。

そして、気づかないうちに人生で、多くのチャンスや奇跡を見逃すことになるのである。

もしあなたが〝真の自由〟を求めているのならば、ぜひ本気で英語を勉強してみて欲しい。

この著書には、その具体的な方法も紹介されている。

一人でも多くの日本人がこの本を手にし、「本当のグローバルとは何か」「世界のリアルとは何か」という問いに直面していただきたい。そして、日本だけに縛られない人生と、多様性を美しく感じられるような「しなやかさ」を手にするきっかけになることを願いながら解説の締めにした。

ニュージーランドの湖畔より

――『自由であり続けるために 20代で捨てるべき50のこと』著者
森の生活者・アーティストインキュベーター

この作品は二〇一四年八月いろは出版より刊行されたものを
加筆・修正しました。

僕《ぼく》らはまだ、世界《せかい》を1ミリも知《し》らない

太田英基《おおたひでき》

平成27年6月10日　初版発行

発行人――石原正康
編集人――袖山満一子
発行所――株式会社幻冬舎
〒151-0051東京都渋谷区千駄ヶ谷4-9-7
電話　03(5411)6222(営業)
　　　03(5411)6211(編集)
振替00120-8-767643
印刷・製本―中央精版印刷株式会社
装丁者――高橋雅之

幻冬舎文庫

ISBN978-4-344-42344-2　C0195　お-45-1

幻冬舎ホームページアドレス　http://www.gentosha.co.jp/
この本に関するご意見・ご感想をメールでお寄せいただく場合は、
comment@gentosha.co.jpまで。